KB242441

교육개혁의 새로운 패러다임을 향하여

학교교육
혁신론

교육개혁의 새로운 패러다임을 향하여

학교교육 혁신론

| 김인희 지음

무엇이 잘못되어 있기에 해묵은 문제는 지속되고 새로운 문제들이 나타나는가?

지금까지 교육개혁의 오류는 변화 모드가 아닌 관리 모드를 통해 교육변화를 일으키려고 한 것이었다. 그것은 마치 밥을 짓기 위해 전기밥솥에 쌀과 물을 넣은 뒤 '취사' 버튼을 누르지 않고 '보온' 버튼을 누르고 나서 밥이 되기만을 기다리는 것이나 다름없다. 교육변화가 일어나기 위해서는 변화에 필요한 조건이 갖추어지고 정상적인 변화의 과정이 진행되어야 한다.

KSI 한국학술정보㈜

▌서 문 ▌

　우리의 삶에서 교육은 너무나 중요한 문제이다. 개인의 성공을 위해서나 국가·사회의 발전과 번영을 위해서 교육은 핵심적인 수단으로 인식되어 왔다. 우리나라의 수많은 인재들이 교육을 통해 양성되었고 우리나라가 세계적인 경제강국으로 성장한 것도 교육에 크게 힘입었다는 것은 부인할 수 없는 사실이다. 부모들은 자녀의 미래를 위해 교육에 모든 것을 투자하기를 주저하지 않으며 정부는 국가경쟁력 제고라는 기치 아래 정부예산 중 가장 큰 몫을 교육에 투입하고 있다. 부모들이 직접 사교육에 투입하는 돈까지 계산한다면 아마 국민총생산 대비 세계 최고의 교육투자가 이루어진다고 해도 과언이 아닐 것이다. 그야말로 교육공화국이라고 할 수 있으며 세계의 수많은 나라들은 우리나라의 성장과 교육의 힘을 신기해하고 부러워한다. 그러나 역설적으로 오늘날 우리 국민들 중에 이러한 성공 스토리를 자랑스러워하며 그러한 교육을 받는 것에 만족하고 행복해하는 사람은 매우 드물다. 그 이유는 무엇인가?

　우리 학교교육은 정치가, 행정가의 교육개혁 노력과 일선 교육자들의 엄청난 수고, 세계 최고의 학습시간과 교육열에도 불구하고 끊임없이 많은 문제를 노정하고 있다. 무엇이 잘못되어 있기에 해묵은 문제는 지속되고 새로운 문제들이 나타나는가? 많은 학교에서 목격되는 교실붕괴 현상, 줄을 잇는 중상류층 학생들의 조기유학, 학업부진 학생의 학업결손 누적, 사교육에 치인 공교육의 흔들리는 위상, 교사들의 교권 하락 및 사기저하, 해묵은 교수방법 논쟁 및 혼란, 학생들의 전반적 학력 저하, 7차 교육과정·정년단축·NEIS·성과급·교원평가 등의 정책수립 및 시행과정에서 일어난 혼란과 갈등 등 수많은 크고 작은 문제들이 오늘도 우리의 학교교육 현장을 멍들게 하고 있다.

이러한 문제들은 왜 나타나고 그 해결방법은 무엇인가? 이는 교육에 관심 있는 많은 사람들의 의문일 것이다. 교육부장관으로부터 교사, 학부형에 이르기까지 우리들은 같은 의문을 가지고 있으나, 누구하나 이에 대하여 속 시원히 설명하고 해답을 제시해 주는 사람은 없는 듯하다. 아마도 그 원인이 한마디로 설명될 정도로 간단하지 않으며 그 해답 또한 쉽게 제시될 수 있는 것이 아니기 때문이다. 이러한 문제에 대하여 탄식하고 우려하는 많은 논의들은 있어 왔으나 본질적 심층적으로 문제를 규명하고 이론적으로 그 내용을 분석, 설명하는 노력은 학자·전문가들의 몫임에도 불구하고 그 성과는 미미한 듯하다. 문제에 대한 실효성 있는 접근은 이와 같은 학문적 노력을 바탕으로 비로소 가능한 것이 아닌가 생각한다.

이 책은 이러한 문제에 대한 이론적 분석을 통하여 우리 교육정책 및 학교교육 시스템이 안고 있는 문제의 본질을 규명하고 우리가 안고 있는 많은 문제에 긍정적이고 생산적인 방향으로 대처해 나가는 데 필요한 새로운 사고방법과 구체적인 접근법을 제시하는 데 그 목적이 있다. 이 책에 제시되는 아이디어들 중 많은 것이 독자들에게 이미 익숙한 것일 수 있다. 이 책의 의미는 새로운 단편적 아이디어의 제시보다는 여러 가지 이론, 아이디어, 주장들을 하나의 일관된—

현상을 이해하고 해결책을 모색하는 데 도움을 주는-틀에 담아 독자에게 통합적으로 보다 의미 있게 받아들여지도록 하는 데 있다.

****

한국에서는 정부수립 이후 수많은 교육개혁이 시도되었으며 특히 1995년 5월 31일 교육개혁안 이래 광범위하고 종합적인 개혁이 추진되어 왔다. 초·중등교육에 있어서 교육개혁은 기존의 교육방법이 입시준비를 위한 암기중심 학습에 의존하여 학생들의 창의성과 건전한 심성을 기르는 데 실패하고 있다는 반성 위에 교수-학습 방법상의 혁신을 도입하는 데 초점을 맞추어 왔다. '열린 교육'의 실시, 교육과정의 개편, 학생부의 도입, 수행평가 실시, 대학입시 개선 등은 이와 밀접히 연관되어 있다. 이러한 프로그램에서 추구되는 원칙-학생 수준에 맞는 교육과정 운영, 개별화된 교수-학습 활동, 다양한 체험을 제공하는 학습활동, 학생평가의 다양화 등-은 중앙정부에 의해 명확하게 제시되었다.

그러나 중앙정부의 높은 이상과 열정적인 노력에도 불구하고 많은 교사들은 교육개혁에 대하여 긍정적으로 호응하지 않으며 지금까지의 개혁성과에 대하여 높은 점수를 주지 않고 있다. 이들은 교육개혁안이 교사들의 의견과 현장의 실정을 제대로 반영하지 못하고 있다는 일반적인 인식을 가지고 있다. 교사들은 정부주도의 하향식, 중앙집권식 개혁 추진과 획일적, 규제적 교육행정을 비판하면서, 반복되는 비현실적이고 일관성 없는 교육정책이 오히려 그들이 본연의 교육활동에 전념하는 것을 방해하고 실질적인 성과 없이 학교에 형식주의를 조장한다고 생각한다.

이와 같은 정부주도의 끊임없는 교육개혁 노력과 동시에 현장 교사의 불만과 회의 증대라는 역설(paradox)은 어제 오늘의 이야기가 아니며 우리나라에만 국한된 문제도 아니다. Tyack과 Cuban(1995)은 지난 1세기 동안 미국에서의 수많은 교육개혁 노력들이 학교교육의 핵심을 변화시키는 데 성공적이지 못하였음을 지적하고 있다. 교육개혁과 관련한 무엇이 문제이기에 개혁의 성공이 그토록 어려우며 실패하는 개혁은 왜 또 반복되는가? 교육개혁의 성공이란 무엇을 말하는가? 개혁의 성공을 판단하는 기준은 무엇이며 누가 그것을 판단해야 하는가? 우리는 지금까지와 같은 개혁 노력을 지속 또는 강화해야 하는가 아니면 어떤 새로운 접근이 필요한 것인가? 새로운 접근이란 과연 무엇이며 그것으로 이르는 길은 무엇인가?

교육개혁의 실패는 여러 가지로 설명되어 왔다. 어떤 학자들은 경직된 행정체제나 변덕스러운 정치현상과 같은 제도적 구속이 교육정책결정과 실행과정에 미치는 부정적인 영향을 지적한다. 다른 학자들은 교육개혁이 취하고 있는 비현실적인 접근법을 주된 실패의 원인으로 본다. Evans(1996)는 전통적인 합리적-구조적 패러다임이 학교변화의 인간적 차원의 중요성을 인지하지 못하기 때문에 개혁의 실패를 가져온다고 한다. Combs(1991)는 개혁의 대부분의 실패는 문제해결에 있어 힘의 조작(manipulation of forces) 접근법을 맹목적으로 적용하는 데서 온다고 한다. 실패한 개혁들의 대부분은 관련된 사람들의 신념체제와는 무관하게 사태에 반사적으로 대응하고 일의 내용보다는 어떤 일을 추진한다는 그 자체에 의미를 두어 왔다는 것이다.

다른 학자들은 변화를 거부하는 교사들의 문화를 지적한다. Lortie (1975)는 교사들은 보수성, 현재지향성, 개인주의로 특징지어지는 문화를 가지며, 이 문화는 교사가 하는 일의 속성으로부터 비롯된다고 본다. 교사들은 학교 내의 일상적인 관습과 법령, 문화적 신념체제와 같은 외부적 압력에 의해 구속된다. 개혁을 기획하는 자들의 합리주의 및 의사결정자들의 정치적 이해에 기초해 수립되는 야심에 찬 교육개혁안과 교사들의 정형화된 일상의 현실 사이에는 크나큰 골이 있는 듯하다.

많은 학자들이 지적하는 분명한 문제점 중의 하나는 정책결정자들이 개혁 아이디어 자체와 그 결과의 상징성에 관심을 기울이는 반면, 사람과 기관들이 어떻게 행동하고 어떻게 변화해 가는지에 대하여는 너무나 둔감하다는 것이다. 그들은 구조적 틀에 초점을 두면서 학교변화를 최종 생산물로 보며 그 과정 속에 작용하는 인간적 차원을 방관한다. 사람들은 자기들에게 작용되는 외부로부터의 힘에 직접 반응하지 않는다. 그들은 힘의 작용시점에서 사물이 그들에게 어떻게 지각되는가에 따라 반응한다. 그들은 자극에 직접적으로 반응하는 것이 아니라, 그들이 그 자극에 대해서 부여하는 개인적 의미에 대하여 반응한다. 행위자의 주관적 현실은 개혁의 성공을 위하여 매우 중요하다. 왜냐하면, 이러한 주관적인 현실을 바꾸는 것이 변화의 핵심과제이기 때문이다. 어떤 교육개혁도, 교육의 실제를 바꾸려 한다면, 현장에서 개혁안을 실행하려는 사람들을 중시하여야 한다는 것은 분명하다. 개혁의 실행전략은 현장에 있는 사람들의 주관적인 현실을 이해하는 데서 시작되어야 한다.

****

　이 책은 우리의 교육개혁이 학교현장에 의미 있는 변화를 실현시키는 데 성공적이지 못하며 그럼에도 불구하고 유사한 내용과 방식의 개혁 노력이 끊임없이 지속되는 이유를 교육개혁이 이루어지는 메커니즘과 개혁을 주도하는 사람들의 패러다임에서 찾는다.1) 교육변화는 근본적으로 현장에 있는 교사들의 실천에 의하여 이루어지며 실천은 하나의 학습과정이다. 이러한 학습이 효과적으로 이루어지기 위해서는 그들에게 유의미한 학습경험과 여건이 제공되어야 하며 이러한 조건은 그들의 학습을 위한 지속적인 동기부여를 가능케 한다는 점에서 필수불가결하다. 우리 교육개혁의 메커니즘과 패러다임의 결정적인 문제는 현장 교사들의 이러한 동기부여를 강화하는 것이 아니라 오히려 이를 저해하고 있다는 것이다. 관료제에 의해 지배되는 현재의 교육행정체제는 개혁의 메커니즘을 이루며 기계적 능률을 숭상하는 합리적-구조적 접근은 개혁의 과정을 지배하는 패러다임이다. 이러한 현상은 교육체제 내부에서 형성되었다기보다는 교육체제를 구속하고 있는 정치적, 제도적, 사회문화적 환경에서 비롯된 것이라고 본다. 이러한 환경 속에서 우리는 스스로의 결함을 인식하지 못한 채 쳇바퀴 돌듯 근본적인 오류를 지속하고 있는 것이다.

　현 교육개혁의 메커니즘과 패러다임의 문제는 그것이 교육이 이루

---

1) 이 책에서 메커니즘(mechanism)은 구조적, 기능적인 운영체제를 의미하며, 패러다임(paradigm)은 사람들이 가지고 있는 사고체계, 인식체계를 의미한다. 패러다임은 또한 접근법(approach)과 동일한 의미로 사용된다.

어지는 학교의 본성(nature)과 상충된다는 점에 있다. 교육이 이루어지는 학교란 본질적으로 변화가 추구되는 곳이다. 교육은 그 속성상 인간의 끊임없는 변화를 추구하며 그 과업이 성공적으로 수행되기 위해서는 변화를 실현시키는 데 적합한 운영체제와 접근법을 필요로 한다. 그 요체는 교육현장에서 변화를 일으켜야 하는 교육자로 하여금 자신의 능력을 최대한으로 발휘하고 자신이 이룬 성과에 대하여 자긍심과 성취감을 느끼도록 함으로써 변화에의 열정과 열망을 지속시키는 것이다. 그러나 현재 우리가 적용하고 있는 메커니즘과 패러다임은 이러한 변화지향의 교육에 맞지 않는 것이다. 그것은 변화가 아니라 현상을 유지하는 데 필요한 '관리 모드'에 해당된다. 이러한 관리 모드는 질서와 안정, 규정과 절차, 감독과 통제, 합리성과 능률을 중시하는 반면, 변화에 필요한 개인의 잠재능력 개발, 학습환경의 조성, 변화과제의 유의미성에 기초한 학습자의 동기부여, 변화를 위한 모든 노력과 여건의 결집 등에 있어 심각한 결함을 드러낸다. 현재의 메커니즘과 패러다임 속에서 개인은 소외되고 속박된다. 소외와 속박은 교육이 교육답지 못하고 학교가 학교답지 못하게 만드는 걸림돌이며 궁극적으로 변화를 위한 활력을 약화시키고 원대하고 야심찬 수많은 교육개혁 노력이 수포로 돌아가게 하는 주범이다.[2]

이 책은 이러한 기본 관점에서 현 교육개혁의 메커니즘과 패러다임의 문제점을 분석하고 그 대안을 제시하고자 하는 하나의 시도이다. 그것은 현상에 대한 이론적 설명과 현상극복을 위한 정책 제언을 포

---

[2] 허병기(1998)는 교육은 교육자들의 막힘없는 사고와 행위, 활동에의 헌신과 몰입이 있어야 하는데 교사들의 소외와 속박은 이를 저해하고 생명력 있는 학교교육과 교육다운 교육의 실현을 어렵게 한다고 지적한다.

함한다. 이러한 노력이 우리의 교육개혁을 둘러싼 모든 것을 설명하고 여기서 제시되는 대안이 모든 문제를 해결해 주리라고 기대하는 것은 아니다. 또 다른 분석과 대안의 제시는 얼마든지 가능하다. 다만, 이 책을 통해 우리 교육에 관심과 책임을 지니고 있는 정치가, 정책결정자, 교육행정직, 학교관리자, 일선 교사, 기타 관련 집단이 각자의 입장에서 우리 교육발전에 기여하는 데 있어 시사점을 얻을 수 있다면 이 책의 목적은 충분히 달성되는 것이라고 생각한다.

이 책의 구성은 제1장에서 교육개혁을 둘러싸고 있는 환경을 정치적, 제도적인 맥락에서 고찰하고 개혁 실천이 이루어지는 학교현장의 성격을 교직의 속성, 교직문화, 교사의 지위와 권위 등을 통해 살펴보았다. 제2장에서는 우리가 현실적으로 적용하고 있는 교육개혁의 접근법의 속성과 문제점을 분석하고 일반적으로 이에 대하여 제시되고 있는 대안적 접근법을 소개하였다. 제3장에서는 교육변화의 속성과 변화가 이루어지는 과정을 고찰함으로써 진정한 교육변화의 조건을 제시하고자 하였으며, 제4장에서는 이러한 관점에서 현재의 교육개혁체제와 접근법으로 인해 야기되는 변화의 장애요소들을 살펴보았다. 제5장에서는 이와 같은 문제점들을 근본적으로 극복하기 위한 새로운 패러다임을 세계관, 인간관, 교육관의 차원에서 논의하였다. 제6장에서는 구체적으로 교육변화를 위한 노력에 담겨져야 할 핵심적인 요소들로서 변화의 키워드들을 제시하였다. 끝으로 제7장 결론에는 교육개혁의 성패에 직접적으로 책임을 지고 있는 교육관료들에 대한 제언과 함께 교육개혁의 패러다임을 전환하는 데 선결요건이 되는 교육행정 업무환경의 혁신에 대한 논의를 담았다.

▌목 차 ▐

제 1 장 교육개혁의 제약요인 / 19

1. 정치적 제약 ··21
    1) 상충되는 정치적 이해관계 ······················21
    2) 변덕스러운 정치체제 ·····························26
    3) 정치적 헤게모니 ·································27

2. 제도적 제약 ··29
    1) 관료제적 교육행정체제 ························29
    2) 교직의 속성 ····································36

3. 문화적 제약 ··47
    1) 문화와 교육 ····································47
    2) 교직문화 ·······································48
    3) 우리 학교의 문화 ·······························52

제 2 장 교육개혁의 접근법 / 59

1. 합리적 – 구조적 패러다임 ·····················62
1) 기본 가정과 본질 ·····················62
2) 효과와 문제점 ·····················63
2. 대안적 접근법 ·····················66
1) 체제적 접근(systemic approach) / 생태론적(ecological) 접근 ·····················66
2) 인간중심 접근(humanistic approach) / 공동체적 접근 ·····················69

제 3 장 교육변화의 속성 / 73

1. 교육변화의 의미와 조건 ·····················75
1) 변화의 의미 ·····················75
2) 認知模型(mental model) ·····················81
3) 학습은 어떻게 이루어지는가? ·····················86

2. 변화의 수용과 전파 ································89

3. 변화의 과정 ····································93

제 4 장 교육변화의 장애물 / 107

1. 인간에 대한 도구적 관점과
   외재적 평가·보상에 의한 행동 통제 ········109

2. 아이디어의 외발성(externality):
   불연속과 단절 ································111

3. 비현실적 가정들 ································112

4. 시간의 문제 ································114

5. 일관성(coherency)의 결여 ···············116

6. 형식주의, 안전을 위한 가장(safe simulation),
   강화(intensification) ····················118

7. 정서적 측면에 대한 무관심 ··················119

제 5 장 교육변화의 새로운 패러다임 / 121

1. 패러다임의 속성 ·················123

2. 교육변화의 새로운 패러다임 ·················125

3. 새로운 패러다임의 원칙 ·················127
   1) 세계관 ·················127
   2) 인간관 ·················133
   3) 교육관 ·················137

4. 결 론 ·················146

제6장 교육변화의 키워드 / 147

1. 주관적 현실에 대한 정책 초점 ·················150

2. 변화를 위한 교사의 학습 ·················151

3. 변화의 시작은 현장으로부터 – 연속성과
   연계성의 확보 ·················152

4. 창조, 재창조(reinvention)로서의 변화과정 ·153

5. 업무체제 내의 일관성(coherency) ············154

6. 새로운 시간 개념 ·······························155

7. 전문직 문화의 형성 ·····························156

8. 새로운 지도성−변화지향의 지도성
   (transformational leadership) ·················160

제 7 장 결 론 / 167

1. 교육정책 업무의 새로운 접근 ·················169

   1) 관리 모드에서 변화 모드로 ·················170

   2) 교육현장의 파악 ···························171

   3) 교사들의 주관적 현실 이해 ·················173

   4) 동기부여에 대한 정확한 인식 ··············173

   5) 변화과정에 대한 이해와 관리 ··············174

6) 귀납적 정책과제 도출과 실행과정의
유연성 ···175
7) 인간에 대한 이해와 주체성에 대한 신념 177

2. 신뢰 회복 및 이미지 제고를 통한
개혁 성공의 토양 마련 ····························178

3. 교육행정 업무환경의 혁신 ·······················181
1) 양에서 질, 형식에서 실질로 중심 이동/
시간단위(time span)의 전환 ···············181
2) 전문성을 지향하는 업무체제의 수립 ······183
3) 정책 여과체제(filtering system)의
활성화 ··185
4) 정책 토대(foundation)의 확대 및 심화 187

■ 참고문헌 / 189

제 **1** 장

교육개혁의 제약요인

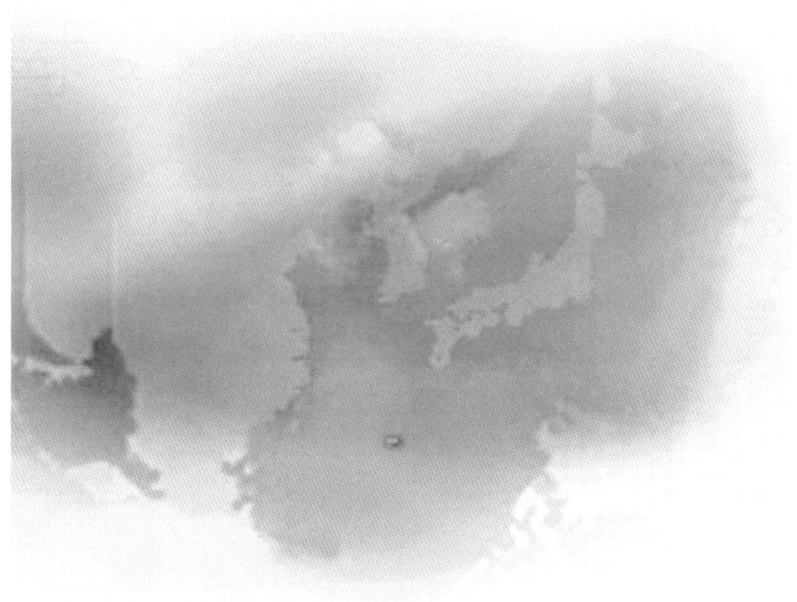

제 1 장 | 교육개혁의 제약요인

교육개혁이 이루어지는 데 있어서 그 목적, 내용, 방식, 구체적 실천에 영향을 미치는 배경요인들이 있는데 이 책에서는 이들을 교육개혁의 제약요인(constraints)이라고 부른다. 이 장에서는 이들을 정치적, 제도적, 문화적 차원으로 구분하여 논의코자 한다.

1. 정치적 제약

1) 상충되는 정치적 이해관계

교육개혁에는 많은 이해관계자(stakeholder)들이 있다. 그들의 현실인식, 가치관 및 신념체계들은 상당히 서로 다르고 종종 상충된다. 교육개혁에 대한 관심은 다양한 이해관계를 지닌 다양한 집단에 분산되어 있다. 그들은 교육개혁에 대한 자신의 몫을 챙기려 한다. 민주사회에서 다양한 이익들이 민주적인 정책과정을 거쳐 교육개혁에 반영되는 것은 바람직하다. 문제는 학교교육이 그러한 다양한 이익에 봉사하도록 어떻게 정책과정을 관리하느냐에 있다. 어떤 이유건, 학교는 사회에서 갖는 기대에 부응함으로써 그 존재의의(legitimacy)를 입증하여야 하며 이에 따라 끊임없는 변화의 요구에 처한다.

교육개혁의 요구는 다양한 이해관계를 가진 다양한 집단—정치인, 관료, 학부모, 교육자, 산업체, 학자, 전문가, 기타 사회단체 등—으로부터 온다. 각 집단은 학교교육에 대한 나름의 기대를 가지고 있다. 1980년대 미국에서는 교육개혁 요구가 주로 경제분야에서 비롯되었는데 이는 보다 경쟁력 있는 인력의 공급에 대한 기업체의 요구에서 비롯되었다. 그들은 미국의 학교들이 다른 나라와 경쟁할 수 있는 산업인력 양성에 실패하고 있다는 불만을 토로하였다. 이러한 요구는 학교교육을 학력(standard) 중심 개혁으로 몰고 갔으며 이러한 방향은 1990년대를 거쳐 2000년대에도 유지되고 있다.[1] 경제지향적 교육개혁은 경제학자와 산업계지도자 즉 시장신봉자(market believers)들의 목소리를 강화시켰다. Milton Friedman과 같은 경제학자들에 의해 처음 주도된 교육에서의 시장논리는 학교 바우처(school voucher)와 협약학교(charter school) 운동 등을 통해 90년대 미국교육계를 풍미했다.[2] 그러나 시장논리는 시장이론이 학교교육을 향상

---

1) 학력(standard)중심 교육개혁은 학생들의 학력을 높이기 위한 교과내용의 수준향상 및 교과지도의 강화, 표준화된 시험 도입을 통한 엄격한 학력평가, 교과지도를 담당하는 교원의 전문성 향상 등에 중점을 두고 있다.
2) 미국에서의 학교 바우처(school voucher)란 학부모에게 학교선택권을 주고 정부가 보증하는 교육비지급증서(voucher)를 발급하여 자녀가 다니는 학교에 제출토록 하며 학교는 학부모로부터 받은 바우처를 정부에 제출하고 예산을 지급받는 제도이다. 협약학교(charter school)는 정부가 학교설립자와 협약을 맺고 학교운영의 자율성을 보장하되 학생의 성취도 향상 등 일정 조건을 부과하는 것으로서 공립학교 범위 내에서 실시되고 있다.

시킬 것으로 믿지 않는 많은 교육자들의 강력한 저항을 받았다.

우리나라에도 교육에 있어서의 경쟁원리 도입을 주장하는 입장이 유력하게 존재한다. 이들은 주로 학교 간 및 교사 간, 즉 교육서비스 공급자 간 경쟁을 통해 교육 서비스의 질을 높이고 학생과 학부모의 선택권을 확대하여 자기 능력과 적성에 맞는 다양한 교육의 기회를 제공하자는 데에 초점을 맞추고 있다. 학부모의 학교선택권이 주어지지 않고 학교 간 차이가 근본적으로 인정되지 않는 평준화 제도 속에서 개인 학생의 능력에 부응하지 못하는 획일화된 학교 교육의 문제와 교사 간 능력과 성과 차이를 반영하지 못하는 교원평가제도가 주된 비판의 대상이 된다. 국가경쟁력의 핵심인 우수 인적자원 양성 차원에서 우리 학생들의 전반적인 학력수준 저하 논쟁도 이러한 주장의 입지를 강화시키는 데 기여한다.

이러한 입장에 반대하는 자들은 시장논리를 주장하는 입장을 "신자유주의"라고 부르면서 교육에 있어서의 경쟁원리 도입의 폐해를 강조한다. 그들은 신자유주의가 교육기회의 불균등을 가져와 교육에 있어서의 빈익빈 부익부를 촉진시키는 등 사회정의에 역행하는 것으로 본다. 이들은 교육기회의 균등을 실현하는 것이 건전한 사회 건설을 위해 중요함을 주장한다. 이들은 평준화 유지를 주장하며 학부모의 학교선택권을 통한 다양한 학교의 도입을 반대한다. 학부모의 학교선택은 부유층과 빈곤층 간의 격리에 따른 교육양극화와 사회계층 공고화에 기여할 뿐이라고 본다. 이와 같이 상반되는 두 입장은 오늘날 우리 교육정책 전반을 둘러싸고 첨예하게 대립되어 있다.

1990년 이래 현재 3,000여 개의 협약학교들이 미국 내에서 운영되고 있다.

정치인들은 기본적으로 장기적 국익보다는 그들 선거구 유권자의 현실적 요구에 부응하는 경향이 있다. 그들은 표를 가진 자신의 유권자에 충성하며 교육문제가 선거구민이나 표를 가진 특정 집단의 이해와 관련되는 한 그 문제에 집착한다. 그들은 국익보다는 자신의 정치적 이익에 보다 집착하는 경향이 있다. 정치인들은 또한 자신이 속한 정당의 정책입장을 벗어나기 힘들다. 개인의 의견보다 당론이 중시되는 우리 정치 현실에서는 정치인들의 개인적 소신에 의한 행동을 기대하는 것이 쉽지 않다. 정권이 바뀔 때마다 교육개혁은 정권적 차원에서 접근되고 선거공약에 따른 국가개혁 프로그램의 일환으로 추진되는 일이 반복되었으나 정치인들은 교육의 본질적 변화보다는 정치적 목적 실현을 위한 전시효과(show-off) 또는 상대 정당의 정책 비판(bashing) 차원에서 교육문제에 접근하는 경향을 보여 왔다.

1990년대 이후 시민단체들의 활동은 괄목하게 성장하였으며 교육정책에 대하여도 다양한 목소리를 내고 있고 그 성향도 진보와 보수의 스펙트럼(spectrum)을 보이고 있다. 다양한 학부모 단체가 강력한 시민단체로 대두되었으며 학교교육의 직접 이해관계자로서 정부와 교원집단을 견제하는 중요한 세력을 형성하고 있다. 그 외에도 다양한 단체들이 그들의 입장을 내보이며 활동하고 있다. 경제 관료와 학자, 기업인들이 주축을 이루는 소위 신자유주의자들은 경쟁원리의 도입, 국가경쟁력 향상, 능률적 생산적인 교육체제 수립 등을 주장하며 교육정책에 큰 영향을 미치는 한편, 이에 맞서는 시장반대론자들은 교원노조 및 진보적인 정당, 학자, 사회단체들을 주축으로 이에 대하여 맞서고 있다.

이러한 다양한 이해관계자(stakeholder)들의 복잡한 이해관계는 정부의 정책과 구조 속에서 자동적으로 성실 공정하게 반영되는 것은 아니다. 이익집단 체제는 특정 집단의 이익이 다른 집단에 비해 선호되는 식으로 편향되어 있다. 일부 정치인들과 관료들은 종종 시민들의 이익을 위한다는 명목하에 자신들의 이익을 추구하기도 한다. 결과적으로 정치과정(political process)에서 누가 이기고 누가 지는가 하는 것이 반드시 보통의 시민들이 원하는 바와 일치되는 것은 아니다.

Rein(1983)은 정부의 행위가 실행과정에서 다양한 참여자(actor)들에 의해 다르게 해석되는 동안 왜곡현상이 발생한다고 주장한다. 정책과 실천의 연속선상에서 서로 다른 참여자들 - 일반대중, 입법가, 행정가, 이익집단, 현장실천가 등 - 은 서로 다른 이해관계를 지니고 등장한다. 그들은 정책을 자기의 입장에서 현실적 이익을 추구하고 손실을 최소화하기 위한 방향으로 해석하고 이에 반응하는데 Rein은 이를 '적응(accommodation)'이라 부른다. 정책의 시행은 제도적 현실에 대한 적응의 표현이다. 참여자(actor)들은 자기 나름의 현실 속에서 정책을 재정의, 재해석하면서 정책실행과정상의 자신의 현실에 적응한다. 정책은 실행과정에서 현실적 여건에 따라 여과된다. 여러 가지 개혁이 동시에 벌어지는 상황에서는 학교와 기관들이 그들이 대응해야 할 개혁요구를 여과 선택하기 위한 장치를 발전시킨다. 이러한 여과는 어느 정도는 기술과 능력의 한계에서 비롯되며, 어느 정도는 경쟁적이거나 상충되는 요구 중 어느 하나를 선택해야 할 필요성에 기인하기도 하고, 어떤 것은 개혁의 목표와 설계에 본래 내재되어 있는 복잡성(complexity)에서 나타나기도 한다.

2) 변덕스러운 정치체제

하나의 교육정책은 그 내용이 무엇이든 중앙 및 지방 수준의 입법, 예산심의, 감사 등을 통한 정치적 통제과정을 거치게 된다. 교육정책 과정은 본질적으로 정치적 과정이다. 정책결정자—장·차관, 교육감, 고위관료 등—들은 그들이 선거직이든 임명직이든 일종의 정치인들이다. 그들은 교육개혁의 책임을 지며 교육개혁을 위한 어떤 조치를 취해야 할 압력을 받고 있는데 이는 교육이 중요한 정치적 이슈이며 모두의 관심이기 때문이다. 그들은 주민 또는 임명권자에 대한 그들의 책무성과 정당성을 보이기 위하여 지역사회 주민 또는 소속집단의 이익에 충성하려고 노력한다. 이러한 노력은 끊임없는 상징적 교육개혁을 통한 정책휘젓기(policy churn) 현상을 초래하는 경향이 있다(Hess, 1999). 그들은 개혁의 결과를 지켜볼 수 있을 정도로 그들의 자리에 오래 머물러 있지 않기 때문에 결과(output)나 과정(process)보다는 투입(input) 지향적이 되기 쉽다. 현재의 개혁 프로그램들은 곧 새로운 프로그램으로 교체된다. 그렇게 함으로써 그들은 시민과 소속집단의 이익에 부응하는 듯이 보인다. 사람들은 정책결정자가 실제로 학교에서 무엇을 실현시키고 있는가보다는 그가 무슨 프로그램을 진행시키고 있는가에 이끌리기 쉽다. 따라서 정책결정자들은 상징적이고 가시적인 개혁에 사로잡히게 되고 교육실천의 핵심은 제대로 다루어지지 않은 채 방치되곤 한다.

3) 정치적 헤게모니

누가 교육개혁을 주도하는가? 누구의 가치가 중시되고 누구의 이익이 우선되며 누구의 접근법이 적용되는가? 우리나라에서는 흔히 교육관료들이 교육정책을 좌지우지하며 교육정책의 실패도 주로 그들의 책임이라는 비판이 있어 왔다.[3] 우리는 이들을 소위 정책엘리트(policy elite)라고 부를 수 있는가? 이들의 결정권한은 어느 정도이며 책임은 어디까지인가? 이들이 정책을 좌지우지한다는 말은 사실인가? 교육개혁에 개입하는 많은 집단들이 존재하나 이들이 동등한 권력과 책임을 가지고 이에 참여하는 것은 아니다. 아마도 교육관료에 대한 집중적인 비판은 그들이 수많은 정치적 변화에도 불구하고 가장 지속적으로 교육정책에 관여하며 또한 정책과정의 실무를 실제로 담당하기 때문일 것이다. 이들이 중요한 교육정책에 있어 실질적인 결정권한을 얼마나 행사하여 왔는가에 대하여는 논란이 있을 수 있으나 분명한 것은 이들이 정책추진에 있어 상당한 권한을 위임받고 있으며 그 결과에 대한 책임으로부터 결코 자유롭지 못하다는 것이다.

교육관료 이외에도 교육정책에 영향을 미치는 집단은 다양하며 정권의 교체는 교육정책에 결정적 권한 행사를 하는 정치적 세력의 변화를 가져온다. 예를 들어 70, 80년대에 운동권 활동을 하고 오랜 반정부적 노선을 견지해 온 진보세력들이 현 정부에서는 실질적인 권

---

3) 이 책에서 교육관료라 함은 중앙 및 지방정부에서 교육에 관한 정책 및 행정업무를 담당하는 일반직 공무원 및 교육전문직(장학관, 장학사, 교육연구관, 교육연구사 등)을 말한다.

력의 핵심을 이루고 있으며 이들이 교육정책에 있어서도 헤게모니를 발휘하게 될 것은 분명하다. 이들은 그동안 정부의 신자유주의적 교육정책에 대한 강력한 비판을 제기하였으나 이제는 반대로 자신들의 정책노선을 전개하는 동시에 비판과 견제를 받아야 하는 입장이 되었다. 국민의 정부 이후 크게 활성화된 많은 시민단체들은 사실상 강력한 정치세력으로 성장하였으며 이들은 각종 교육정책 수립에 그들의 목소리를 반영시키고 있다.

교육정책의 방향은 누가 정치적 헤게모니를 행사하는가에 따라 지대한 영향을 받는다. 교사들의 목소리는 과거 교육정책 수립과정에서 충분히 반영되지 못하였던 것이 사실이나 최근 교원노조 등 교원단체의 활동은 이러한 과거의 모습을 상당히 변화시켜 놓았다. 거의 중요한 모든 정책과제에 대하여 그들의 입장이 제시되며 경우에 따라 정책실행을 거부하는 강력 투쟁을 벌이기도 한다. 정치인이나 엘리트 교육관료가 정책을 좌지우지하던 시대는 이미 지나가고 있다. 수많은 다양한 목소리들이 다양한 경로를 통해 제기되며 정책 수립을 담당하는 정치인, 관료들은 이에 대하여 민감하지 않을 수 없다. 그러나 다양한 목소리를 공정하게 반영하여 최종적으로 정책을 산출하고 이를 현장에서 실현시켜야 하는 1차적 책임은 아직도 교육관료에게 있다는 점에서 이들이 어떤 가치를 지향하고 어떤 패러다임을 통하여 교육정책 업무에 임하는가 하는 것은 중요한 문제이다.

2. 제도적 제약

1) 관료제적 교육행정체제

관료제(bureaucracy)란 Max Weber(1947)에 의하면 법적, 제도적 권위에 기초한 지배구조(governing system)이다. 조직을 합리적으로 관리하여 조직의 목적을 효율적으로 달성하기 위한 운영체제로서 수직적 지휘계통을 통한 통제(hierarchy of control), 목적·과업·절차·권한·책임의 공식화(formalization), 분업(division of labor), 표준화(standardization) 등을 특징으로 한다. 사적(private, personal), 비공식적인 (informal) 요소를 배제하고 공적(official), 공식적인(formal) 장치를 통해 능률성을 추구하는 방식이다. 계급과 지위, 명령계통이 중시되고 공식적 지위에 따른 권한과 책임이 명료화된다. 개인의 개성보다는 규정에 따라 주어진 범위 내의 공식적 역할 수행이 요구되며 과업은 분업화되어 각 부문에서의 전문성이 추구된다. 모든 의사결정 과정 및 결과는 문서화되어 그 근거를 명확하게 남기며 의사결정 방법은 품의제를 따른다. 즉 의사결정 방식도 공식적인 경로를 통하게 되며 이 경로를 거쳐야만 정당한, 합법적인 의사결정으로 인정받는다.

이러한 관료제는 미국에서 발전된 Frederick Taylor(1947)의 과학적 관리법(principle of scientific management)과 함께 20세기에 새로이 등장한 대규모 사회조직들의 운영체제를 형성하는 핵심적인 틀이 되어 왔다. 여기서는 합법성, 합리성, 능률성, 전문성 등이 중시되며, 서구의 전근대적인 사회조직이 지니던 비합리성, 비능률성, 전통적 권위주의 등으로부터 탈피하여 대규모 조직의 과업을 능률적으로 달성하기 위한 운영체제로서 중요한 역할을 수행하여 왔다.

(1) 관료제의 문제점

그러나 관료제는 그 속성상 다음과 같은 여러 가지 문제점을 드러내어 많은 비판을 받아 온 것이 사실이다.

① 목적과 수단의 전도(goal displacement)

정해진 규칙을 따르는 것이 지상과제가 되므로 원래의 목적이나 취지보다 수단적 의미를 지니는 규정에 집착하게 되면서 구체적인 상황에서 오히려 수단이 목적보다 중시되는 현상이 나타난다. 즉 합법성이 합목적성보다 우선하는 경향이 나타나게 되는데, 이로 인해 원래의 조직목적을 달성하는 데 있어 과업수행상의 경직성을 드러내면서 궁극적으로 조직의 효율성을 떨어뜨리는 현상이 나타난다. 성문화(成文化)된 규정이라는 것은 현실의 복잡다양한 조건을 충분히 감안하지 못하고 단순 획일화되어 있거나 급속하게 변하는 현실을 신속하게 반영하지 못하는 한계 때문에 현실과 맞지 않는 경우가 종종 나타나게 된다. 그럼에도 불구하고 이러한 규정에 집착하는 성향으로 인해 조직의 생산성이 저하되는 현상이 나타나게 된다.

② 형식주의(formalism, red-tape)

모든 행위가 공식적인 틀에 의해 이루어지기 때문에 공식화된 규정을 따르는 것이 구성원들의 현안과제가 된다. 이러한 규정(rule)의 추종은 그것을 이행하는 것이 주어진 최소한의 책임을 다하는 것이 되며 목적달성에 기여하는 그 이상의 노력을 하지 않아도 조직 내에서 생존하는 것이 가능하게 된다. 사람들은 본래의 목적 실현보다는 당면한 책임완수에 집착하게 되고 그것으로 만족하고 안주하는 경향이 있으며, 이러한 경향은 결국 과업의 본질적인 내용보다는 형식과 절차에 치중하는 행동경향을 초래하는데 이를 관료적 형식주의(formalism 또는 red-tape)라 한다.

③ 문서주의

의사결정 및 의사전달 등 대부분의 공식적인 행위가 문서를 통해 이루어지므로 신속성이 결여되기 쉽고 과다한 문서의 생산, 처리에 따르는 시간과 에너지의 소모로 인해 업무의 효율성이 저하되는 현상이 나타난다.

④ 할거주의(sectionalism)

자기가 속해 있는 부서의 입장에서만 문제를 인식하고 대응하는 경향에 따라 조직 내 부서 간, 조직 간의 갈등이 야기되며 이는 전체 조직의 효율성을 저하시키는 결과를 가져온다. 이로 인해 특히 조정기능(coordination)이 중요하게 된다. 구성원들이 자신들의 이익에 집착하는 경향으로 인해 그 조직이 봉사해야 하는 고객에 대한 책무성(accountability)에 둔감하게 되고 서비스의 질이 떨어지는 결과를 초래할 수 있다.

⑤ 개인의 도구화

관료제 내에서는 개인의 능력이 제한적으로 이용될 수밖에 없다. 개인은 전체 조직의 목적을 달성하는 데 있어 필요한 여러 부분 중의 하나로서 마치 기계의 한 부속과 같다. 주어진 제한적인 권한을 바탕으로 제한된 과업을 수행하는 것으로 그의 공식적인 소명은 완료된다. 개인의 정서적 측면은 개입할 여지가 없으며 그가 가진 총체적인 잠재력을 발휘할 기회는 극히 제한된다. 이러한 상황에서 개인이 관료제 내에서 정서적으로 충만감을 느끼고 자기가 가진 능력을 최대한 발휘함으로써 성취감을 느끼고 성장해 나가는 자기실현의 기회를 갖기란 쉽지 않다. 특히 모든 것이 공식화, 표준화되고 규정에 의해 통제되는 업무체제 속에서 개인의 자유재량은 크게 제한되며 개인의 창의성을 발휘할 기회 역시 제한된다.

(2) 학교의 관료제적 속성

이와 같은 관료제의 문제는 관료제의 속성상 초래되는 한계이나, 특히 그것이 정치적 권력에 기초하여 제도적으로 성립된 공공조직인 경우에는 또 다른 문제가 존재한다. Chubb & Moe(1990)는 "학교들은 학부모와 학생을 위해 봉사하지 않으며 그들 자신의 목표를 수립하도록 허용되지 않는다. 학교의 목표는 정치가, 행정가, 그리고 정치적인 힘을 가진 다양한 유권자들에 의해 결정된다. 공공체제는 정치가, 행정가들이 바라는 것을 학교가 수행하고 있는지를, 즉 그들에게 부과된 위로부터의 요구(higher-order value)에 부응하고 있는지를 감독한다"고 주장한다.[4] Chubb & Moe에 의하면 관료제는 정치

권력을 가진 자들이 그들이 원하는 바가 실행될 수 있도록 하기 위한 지배체제(governing system)로 기능하며, 또한 그 체제가 하는 일을 최대한으로 관료제화(bureaucratize)하여 안정성(stability)을 확보함으로써 정권이 바뀐 뒤에도 그 사업의 지속성이 유지되어 자신들에게 돌아올 불이익을 최소화하기 위한 의도가 담겨 있다는 것이다. 즉 관료제화한다는 것은 현장실천자의 자율적 권한을 최대한으로 줄이는 것으로서 이를 위해 표준화를 실시하게 되며, 여기에는 정치가들의 정치적 불확실성이 그 배경이 되고 있다는 것이다.

Darling-Hammond(1997) 역시 학교의 관료제화는 이를 강화시키는 정책과정에 상당부분 연유하고 있음을 지적한다. 정책가, 행정가들은 학교로 하여금 수많은 보고를 요구하고 학교가 하는 일을 통제하기 위해 법령, 지침, 지시 등을 부과한다. 그들은 능률적인 학교운영을 요구하는 한편, 학교에 대한 종합적인 관점보다는 여럿으로 분산된 복수의 정책들을 제각각 학교로 내려 보낸다. 학교에 있는 사람들은 이러한 규정, 상부의 요구, 지시, 통제에 따라 움직이게 되며 상부에 대한 책무를 이행하기 위해 시간, 노력, 자원을 투입한다.

시장론자인 Chubb & Moe(1990)는 학교관료제는 이러한 정치권력에 대한 책무성을 높이는 데 치중하여 상대적으로 학부모와 학생의 이익에 대해서 민감하게 부응하지 못하는 문제를 나타내며, 또한 학교의 목적과 과업수행이 빈틈없는 규정에 의해 통제되고 그 내용과 방식이 사전 처방됨으로써 현장에서 실천을 담당할 사람들의 자율성이 제한되어 변화하는 환경에 신축적으로 대응하지 못하고 그들의

---

4) Chubb and Moe(1990), p.38.

능력을 최대한으로 발휘하지 못하는 문제점이 있음을 지적하고 있다. 또한 학교 간의 경쟁 체제가 결여되어 있고 고객에 대한 서비스 자세가 형성되어 있지 않아 교육의 질을 높이려는 기본적인 메커니즘이 성립되어 있지 못하다고 본다.

관료제적인 학교체제 내에서 교사들은 하향식(top-down)으로 부과된 과업지시에 따라 수동적으로 움직이게 된다. 그들이 사전에 처방된 대로 과업을 수행하는가 여부는 감독과 통제를 통해 확인된다. 상급기관에 보고하기 위한 문서를 작성하고 결재를 받기 위해 많은 시간을 보낸다. 이러한 시간들은 교사들이 학생에게 쏟을 시간과 에너지를 빼앗아가는 것이다. 정해진 규정과 지시에 따르지 않는 교사들은 제재를 받게 되며 인사관리상 불이익을 당할 수도 있다. 교사들이 지시를 따르는 것은 내재적인 동기보다는 그렇게 하지 않았을 때의 제재와 책임 추궁, 또는 부과된 임무를 수행했을 때 따라오는 외재적(external) 보상 때문이다. 교사들의 일은 상당 부분 정례화(routinized)되어 있으며 그러한 정례화된 방식을 따르는 것은 자신이 일을 하고 있다는 것을 상징적으로 보여주기도 하며 또한 편리성을 추구하는 것이기도 하다. 교사 개인의 자율성과 창의성은 별로 요구되지 않으며 그에 따른 공식적 보상도 별로 존재하지 않는다. 이러한 시스템 속에서 교사의 사기는 높을 수가 없다. 교사들은 이러한 체제 속에서 학생을 위한 본연의 과업에 전념할 수 없게 되며 이러한 체제는 교사들의 가르치는 일에 대한 열정을 자극하거나 장려하지 않으며 오히려 이를 앗아간다. 이러한 체제로 운영되는 학교에 대하여 고객인 학생과 학부모는 만족하기 어렵게 된다.

(3) 학교의 비관료제적 속성

학교에 대한 관료제적 관점과 반대로 Weick(1976)는 학교조직을 "느슨히 결합된 체제(a loosely coupled system)"로 분석하였는데 이는 일들이 약하게, 빈번치 않게, 느리게 또는 최소한의 상호의존성을 지닌 상태에서 서로 결합된 것을 의미한다. 그는 학교 안의 사람들이 서로 어느 정도 접촉하고 있으나 각 개인이 상당한 정체성을 지닌 채 독립되어 있으며, 그들의 접촉은 완곡하고, 빈번치 않으며, 상호 영향 면에서 미약하고, 중요치 않거나 느리게 반응하는 등의 특징을 지닌다고 지적한다.

Weick는 합리적 기획과 계층적 통제의 개념을 거부하고 안정된 하위부속 간의 느슨한 연계를 강조한다. 하위부속이란 어떤 조직이나 체제 내에서 중요한 구성요소로서 항상 그 정체성을 지니고 있는 존재를 말한다. Lortie(1975)는 감독자의 위치에 있는 자가 어떤 지식을 소유하고 있건 간에 일단 교사 자신이 거기에 주의를 기울이지 않기로 하면 그 지식이 교사의 행동을 통제할 수 없음을 지적하였다.

이러한 관점은 학교를 관료제로 보는 관점과는 상당히 다르다. 학교에 대한 관료제적 통제가 선이든 악이든, 만일 학교통제에 있어서 근본적인 허점(loop-hole)이 있다면 학교와 교사를 통제하기 위하여 관료제를 사용하는 교육행정체제는 그 통제력이라는 면에서 치명적인 약점을 지니고 있는 것이다. 결국 학교라는 조직의 속성상 관료제와 맞지 않는 본질적인 차이점이 실제로 존재한다면 관료제라는 지배체제(governing system)를 이에 적용하는 것은 부적합하다고 볼 수 있으며 이러한 학교와 관료제 간의 부적합성은 이 책의 주된 관심 중의 하나이다.

2) 교직의 속성

교사가 학생을 가르치는 일은 교직의 본질을 형성하는 핵심요소이다. 그 본질은 곧 교사들이 지니는 문화의 토대가 되어 그들의 일과 관련된 가치관, 신념체계를 구성하고 사고방식, 행동양식에 영향을 미친다. 교직의 특수성을 이해하는 일은 학교가 어떤 면에서 전형적인 관료제로부터 벗어나 있는가, 왜 관료제적 학교체제가 교육의 변화를 가져오는 데 부적합한가를 이해하는 출발점이 된다.

(1) 교직의 특성

Fullan(1982)은 교사들이 공유하고 있는 주관적 현실에 1) 급박성(immediacy)과 구체성(concreteness), 2) 다차원성(multidimensionality)과 동시성(simultaneity), 3) 예측불가능하고 끊임없이 변화하는 조건에 대한 적응, 4) 학생과의 관계수립 등이 포함된다고 한다. 교사들의 일은 장기적인 시간관점에서 서서히 이루어지는 것이 아니라 단기적인 시간관점에서 급박하게 진행되며 이론적, 관념적이기보다는 구체적이고 현실적이다. 그들이 다수의 학생과 직접 접촉하여 상호작용하면서 수행하는 과업들은 매우 실제적인(real) 것이다. 그들에게는 현실적인 문제를 해결하기 위한 구체적인 노하우(knowhow)와 행동(action)이 요구되며 여기에는 시간적 여유가 별로 없다. 또한, 교사가 하는 일은 획일적이고 단순한 것이 아니라 다양하고 복합적이다. 그들은 학생들의 인성, 지식, 태도, 정서, 기능 등에 관련된 활동을 실시하며 동시에 여러 가지 목적이 담겨 있는, 경우에 따라서는 서로 상충되는 가치 속에서 교육활동을 수행한다. 어떤 경우는 상충되는 가치 간에 대립(trade-off)이 일어나기도 한다.

교사의 일은 한 가지 목적만을 의도하는 경우는 드물다. 교사들의 업무조건은 항상 변화한다. 학생들이 해마다 바뀌며, 가르치는 내용도 바뀌고, 소속된 학교가 바뀌기도 하고, 특히 학교 밖의 환경의 변화는 교사의 업무에 직, 간접으로 영향을 미친다. 항상 변화하는 업무조건 속에서 예상치 못한 장애를 만나기도 하고 뜻밖의 성공의 기회를 마주하기도 한다. 허병기(2003)는 가르치는 일은 합리적으로 사전에 계획될수록 덜 효과적이게 된다고 지적한다. 왜냐하면 구체적으로 계획되면 될수록 변화하는 상황에 대한 신축적인 대응이 어려워지기 때문이다.

Lortie(1975)는 교직에 대한 사회학적 연구를 바탕으로 다음과 같은 점들을 교직의 성격으로 지적하였다.

① 현직 훈련은 교실의 구체적 상황에 대한 대처능력을 갖추도록 하는 데 기여하지 못한다.
② 교사의 일은 동료들과 공간적으로 격리된 가운데 개별적으로 이루어진다.
③ 교사들은 공동의 기술 문화(technical culture)를 결여하고 있다. 다시 말하면, 모방할 수 있는 구체적인 모델을 갖고 있지 못하며,

서로 간의 영향관계가 분명치 않고, 사용하는 기준이 다양하고 서로 합치되지 않으며, 평가의 시기가 애매하고, 결과의 상태가 안정적이지 못하다는 것을 의미한다.

④ 교사들은 기본원리보다는 스스로 터득한 구체적 기술(trick of the trade)들을 사용한다.

⑤ 가르치는 일의 효과성은 학생에 대한 비공식적, 일반적인 관찰을 통해 측정된다.

⑥ 가장 중요한 보상은 심리적 보상이다.

⑦ 만족감의 주된 원천은 집단적인 성공의 경우보다 예외적인 한 학생의 성공과 관련된다.

⑧ 교사들은 심리적으로 불확실성을 경험하는데 이는 그들이 하는 일의 성과가 쉽게 눈에 보이지 않고 복합적이며 오랜 시간 뒤에 나타나기 때문이다.

⑨ 시간의 부족과 일을 완성하지 못했다는 느낌을 항상 경험한다.

Lortie는 교사의 작업형태가 보수적, 현재지향적, 개인주의적으로 특징지어지는 독특한 학교문화 형성에 기여한다고 주장한다. 교사업무의 한 특징은 불확실성인데 이는 따라야 할 구체적 교수모형의 부재, 불분명한 영향관계, 다양하고 논란 많은 교육의 기준들, 평가시기의 애매, 불안정한 결과 등에 기인한다. 이러한 불확실성은 교사들로 하여금 하고 있는 일의 변화에 대한 두려움을 갖게 하고, 이러한 두려움은 그들로 하여금 위험부담 있는 불확실한 방법을 시도하는 것보다는 익숙한 방법에 집착하게 하는 경향이 있다. 업무의 불확실성 및 그들의 성취와 직결되지 않는 보상으로 말미암아 교사들은 당면하고 있는 문제에 대하여 자기만의 독특한 해결방법을 찾으려 하게 된다. 이러한, 자기생존적(sink-or-swim) 상황에서 교사들은 독자적인 문제해결 방안을 찾아나가며 내면적 보상을 추구한다. 이러한 문화는 본질적으로 변화에 저항하며, 특히 그 변화요구가 외부의 힘에 의해 부과되는 것인 경우에 더욱 그러하다. 그들이 문제해결을 위해 고생해가며 발전시켜 온 자신만의 방법은 다른 외부의 힘에 의해 쉽게 변하지 않을 것이며, 그들이 성취해 온 것에 대한 무시는 그들을 심적으로 불편하게 그리고 저항적으로 만들 것이다.

Darling-Hammond(1997)는 가르치는 일에서 가장 중요한 것으로 1) 신축성(flexibility), 2) 학생과의 관계, 3) 절차보다 학습에의 중점 등을 들고 있다. 교사에게 가장 중요한 대상은 학생들이다. 학생과의 긍정적인 관계 수립은 교사에게는 가장 중요하고 가치 있는 일이다. 교사의 효능감(sense of efficacy)은 학생과의 관계설정에서 비롯되며, 교실에서 경험하는 구체적인 현실에서 얻어지는 것이다. 학생들의 상태는 교사의 일에 영향을 미치는 가장 중요한 조건이다. 교사들은 학생들이 놓여 있는 상황에 따라 특별하고 구체적인 기대를 갖게 된다. 그것은 일반적 보편적인 것이 아니며 사전에 결정될 수도 없는 것으로서 교사와 학생이 특수한 맥락(context)에서 상호작용하는 가운데 형성되는 것이다.

교사들의 정서적 특징 중에 완성감(sense of completion)의 결여와 그에 따른 죄책감(guilt)이 있다. 교사들은 학생들에게 자기가 할 수 있는 데까지 최선을 다해 가르치고 있다는 느낌이 들기 전에는 스스로 만족할 수가 없다. 학생을 돌보고 가르치는 일 자체가 그 완성시점을 알 수 없는 무한한 노력과 책임을 요구할뿐더러 개혁 메커니즘에 의해 부과되는 과업들을 수행하기 위해 본연의 업무에 최선을 다할 수 없는 상황을 겪으면서 이러한 미완성의 느낌(sense of unfinished work)은 지속 강화되고 일종의 죄책감(sense of guilt)으로 나타나게 된다. Hargreaves(1994)는 죄책감(guilt)에는 persecutory guilt와 depressive guilt 두 가지가 있다고 한다. 전자는 지켜야 할 것을 지키지 못한 데서 오는 도덕적 죄책감을 말하며 후자는 주어진 책임을 완수하지 못한 데서 오는 죄책감을 의미하는데, 교사의 경우는 특히 후자에 대한 경험이 많은 것으로 나타난다. 이러한 depressive guilt는 교사의 일이 지니는 특성 즉, 1) 학생을 돌보는 일에의 헌신, 2) 가르치는 일의 비정형성(open-endedness), 3) 책무성(accountability)과 강화(intensification), 4) 완전 지향성 등과 밀접하게 관련된다. 요컨대, 교사의 일은 결코 종료될 수도 완성될 수도 없는 끝없는 헌신을 요구하며 이에 종사하는 교사도 스스로 만족을 느끼기 어려운 일이라는 특성을 지니고 있다는 것이다.

Hargreaves(1994)는 교직생활에 큰 영향을 미치는 요소로 목적, 사람, 환경(context), 문화를 들고 있다. 교사들이 일을 수행하는 데 있어 스스로 추구하는 목적, 주위에서 교사들에게 기대하는 교육의 방향 등은 그들의 역할정립 및 구체적인 일의 방향과 내용, 방법들을 선택하는 데 있어 지대한 영향을 미친다. 교사들이 맺는 인간관계, 즉 학생과의 관계, 동료교사와의 관계, 교장과의 관계, 학부형과의 관계 등은 그의 업무수행과 중요한 관계를 지니고 있다. 그중 특히 학생과의 관계는 교사의 성공과 실패를 결정짓는 기준이 된다. 교사들이 일하는 직장의 근무환경은 또한 교사들의 일에 중요한 영향을 미친다. Elmore 등(1996)은 학교의 작업환경의 특징을 1) 균일화된(마치

계란상자 같은) 교실로 나누어진 공간적 구조, 2) 능력에 따른 학급 편성, 3) 쪼개어진(fragmented) 학문적 내용의 조직 및 과목별 이수를 위한 시간 할당 등으로 보고 있다. 이러한 환경은 교사들의 작업이 구성되는 구조적 맥락을 형성하며 교사들은 이에 적응해 가며 과업을 수행하게 된다. 학교의 과업구조는 학교의 조직문화 형성에 영향을 미친다. 교사들이 보이는 개인주의적 행태는 분리된 교실구조, 교과목에 따라 구분된 분업형태 등과 관계가 있다.

한편, 학교에 뿌리내리고 있는 관습적 제도적 과업형태들은 복잡한 임무들을 조직하는 방법으로서 노동절약적인 장치가 될 수 있다. 어떤 정례화된 일에 숙달된 교사와 학생들은 다른 구조와 규칙에 적응하는 것이 어려움을 종종 깨닫는다. 이미 수립된 제도적 형태들은 교육자, 학생, 일반인에게 "진짜 학교(a real school)"의 필수적인 특성으로서 인식된다. 그 형태들은 외부의 영향과 법적 구속, 문화적 신념들에 의해 학교 내의 일상관습 속에 뿌리내리고 있다. 정례화되어 있는 학교업무의 방식들과 그에 익숙한 교사들이 얻는 안정감과 편리성, 또한 그러한 학교의 모습으로부터 '학교다움'을 느끼는 일반사회의 학교에 대한 고정관념(stereotype)은 기존의 학교체제를 유지해 가는 힘으로 작용한다.

(2) 교사의 지위와 권위

오랜 역사를 지닌 하향식 교육개혁방식은 사회에서의 교사의 권력과 지위라는 견지에서도 설명될 수 있다. 지금까지 교육개혁의 대부분의 아이디어가 교사보다는 관료, 학자, 전문가, 산업계 지도자 같은 아웃사이더들에 의해 주도되었다는 견해가 있다. 직업의 전문적 자격수준에서 볼 때, 교직은 의사, 변호사, 교수와 같은 다른 전문직에 비해 덜 엄격한 것으로 인식되어 왔다. 교사들은 아웃사이더들이 도전할 수 없을 정도의 전문적 권위를 수립하는 데 성공적이지 못하였다. 그들은 직업에 진입하는 데 필요한 엄격한 자격기준을 구축하지 못하였고 따라서 최고의 우수한 인력을 교직으로 유치하지 못하였다. 교직이 여성에 의해 지배되고 있다는 것은 남성지배적인 다른 전문직에 비해 교직이 남성들에 의해 존중되지 못함을 나타낸다. 이러한 권위 문제는 누가 개혁 아이디어를 결정하고 개혁과정을 주도하는가와 관련하여 중요성을 지닌다. 교사들의 상대적으로 낮은 지위와 권위는 그들이 교육개혁에서 주도권을 쥐는 것을 방해한다. 주도권은 보다 높은 권력과 권위를 지닌 자들에 의해 행사되며 그들의 아이디어가 위세를 부리게 된다.

많은 사람들은 교사의 일이 힘든 일이라고 일반적으로 생각하면서도 한편으로 나도 교단에 서면 일단 가르칠 수는 있다고 생각한다. 다년간의 특별한 준비 없이도 그럭저럭 그 일을 해 나갈 수 있다는 인식이 상당히 존재한다. 사람들은 누구나 학교를 다니면서 매일 교사가 하는 일을 보아 왔고 학습자로서 경험해 왔기 때문에 교사가 하는 일에 대하여 생소하지 않다. 가르치는 일이라는 것이 어떤 것이라는 것에 대한 관찰 경험과 그에 따른 인식이 형성되어 있기 때문에 자신도 그 일을 할 수 있을 것이라는 생각을 쉽사리 가지게 된다. 그러나 그것은 대부분 가르치는 자가 아닌 배우는 자의 입장에서의 경험이기 때문에 가르치는 일, 특히 잘 가르친다는 것이 얼마나 어려운 일인가를 이해하는 데는 결코 충분치 않다. 제대로 가르치기 위해서 얼마나 많은 준비가 필요한가에 대한 인식은 일반 사람들에게 충분치 않다. 많은 사람들의 가르치는 일에 대한 인식이 전문적 교사들이 생각하는 바람직한 교수모형과 거리가 멀 수도 있다. 상식적으로 사람들이 막연히 생각하는 가르치는 일과 실제로 그 일을 전문적으로 수행하는 사람들이 현실적으로 느끼는 일의 강도는 크게 다를 수 있다. 사범대학, 교육대학의 학생들은 가르치는 일이 얼마나 어려운 일인가를 교생실습을 나가 직접 수업을 해보면 곧 느끼게 된다.

문제는 가르치는 일이 전문적 훈련과 경험이 필요한 어려운 일임에도 불구하고 일반적으로는 그 일에 종사하는 교사들의 전문적 권위가 그리 높지 못하다는 것이다. 우리는 의사가 하는 일이 상당한 전문성을 요구한다고 생각하며 그들의 권위에 도전하지 않는다. 의사의 진단과 처방을 믿으며 우리도 그 일을 맡겨주면 할 수 있다고는 생각하지 않는다. 그들은 우리가 모르는 전문지식을 엄청나게 많이 보유하고 있으며 우리로서는 할 수 없는 전문기술을 사용할 수 있다고 생각한다. 정부는 의사들에게 환자를 이렇게 저렇게 치료하라고 지시하지 않으며 그들이 환자를 지시받은 대로 치료하고 있는지 평가 점검하지 않는다. 평가와 통제가 있다면 그것은 의료인들 스스로의 자율적인 평가와 통제이다. 정부도 의사들의 전문적 권위를 인정하는 것이다. 교사에 대해서는 왜 그렇지 못한가? 교사가 학생을 가르치는 일은 전문적 기술과 지식을 별로 요구하지 않는가? 아니면 교사의 일은 의사의 일보다 덜 중요한가? 왜 학교는 수많은 지시와 지도를 받으며 상급관청으로부터 평가와 점검을 받아야 하는가?

의사가 일을 그르치면 환자의 생명을 위태롭게 할 수 있으나 교사가 일을 그르치면 학생의 인생을 위태롭게 할 수 있다. 교사는 학생의 생명을 다루지는 않으나 학생의 인생의 질(quality)에 심대한 영향을 미칠 수 있다. 그러한 면에서 교사의 일은 의사의 일 못지않게 중요하며 그 일을 잘한다는 것은 너무나 소중한 것이다. 일반인이 막연하게 생각하는 가르치는 일의 수준과 실제로 교사가 학생들을 상대로 훌륭한 교육을 실시하는 일의 수준은 같다고 할 수 없다. 일반적으로 사람들은 훌륭한 교육을 받은 기억을 많이 갖고 있지 못하다. 이는 그만큼 좋은 교사로서 훌륭한 교육을 실시한다는 것이 쉽지 않다는 것을 보여준다. 그것은 지식과 기술, 애정과 신뢰, 헌신과 몰두, 정열과 집념 등이 한데 어우러져 실현되는 것이다. 좋은 교육과 나쁜 교육의 결과의 차이는 너무나 크다. 좋은 교육은 좋은 교사로부터 나올 수 있으며 좋은 교사는 그 전문성과 권위가 존중되어야 한다.

교사의 권위가 의사나 변호사보다 높지 못한 이유는 교사의 사회적 지위가 그들보다 낮은 것과도 관련이 있다. 우선 교사의 경제적 지위가 그들보다 못하다는 것은 분명하며 이는 교사가 영리목적의 자영(self-employment)이 불가능하고 정부가 설립 또는 설립 승인한 교육기관에 고용되어 있는 봉급생활자로서 공무원 신분 또는 이에 준하며 정부가 그들의 보수를 획일적으로 결정하고 있기 때문이다. 교사의 사회적 지위와 관련 더욱 문제가 되는 것은 그들의 지위가 시간이 지나면서 점점 더 낮아지고 있다는 것이다.

사회적 지위를 결정짓는 요소 중의 또 하나는 학력인데 우리 사회에서의 교사의 학력은 점점 그 비교우위를 상실해가고 있다. 과거에는 교사의 학력이 일반적 수준보다 높아서 교사라고 하면 돈은 별로 없어도 많이 배운 사람으로 인식되고 대부분의 학부모보다 높은 교육수준을 바탕으로 지도력을 발휘할 수 있었으나 사회 전반적으로 학력수준이 높아지고 교사보다 학력수준이 높거나 동등한 집단이 늘어나면서 교육수준 때문에 교사가 존경받던 시대는 이미 지나가고 있다.

국내 연구들(양승실 외, 2001; 김인희, 2003)에 의하면 최근 수년간 교사의 권위는 현저하게 떨어졌으며, 교사들은 정년단축과 관련된 교육문제 논의과정에서 촌지수수 등의 이유로 교사들에 대한 정부와 언론의 공공연한 비난이 이루어지면서 교사에 대한 사회적 인식이 결정적으로 악화되었다고 보고 있다. 체벌금지에 따른 교사의 학생에 대한 통제능력 약화, 교사를 포함한 기성세대에 대한 존경심을 갖지 않는 청소년 세대의 등장, 학생들의 지식・정보 습득의 주된 원천이 인터넷으로 바뀌면서 지식전달자로서의 교사의 전통적 지위의 상실, 사교육의 번성과 이에 따른 학교의 교육기능 약화 등은 모두 현 시점에서 교사의 권위 하락을 재촉하고 있는 원인으로 거론되고 있다.

요컨대, 교사의 지위와 권위는 점점 하락하고 있으며, 교사의 지위와 권위는 교육정책과정에 있어 그들의 헤게모니(hegemony)를 결정짓는 중요한 요소가 된다. 합법화된 교원노조가 회원들의 권익 향상을 위해 노력하고 있으며 자신들의 근로조건과 관련이 있다고 생각하는 정책사안에 대하여 강력한 의견을 제시하고 경우에 따라 강경 투쟁을 벌이고 있으나, Evans(1996)가 지적한 대로 자기 이익에 집착하고 권위를 높이려 하는 노동조합 심리(union mentality)가 교원들의 지위와 권위를 향상시키고 있다는 명확한 증거는 찾아보기 힘들다. 노동조합의 정책투쟁은 오히려 순수한 정책 투쟁보다는 자신들의 집단적 이익을 위한 것으로 일반인에게 인식될 가능성이 있다. 교원노조의 투쟁이 종래 하향식 교육개혁 추진에 대한 견제가 되기는 하나, 교사의 지위와 권위 회복에 따른 자연스러운 헤게모니 획득, 즉 다른 집단에 의한 교사의 전문적 권위 인정에 기초하여 교사들이 자신들의 업무영역에서 자율적 결정권한을 확대하고 교육개혁의 과정에서도 이러한 권한이 존중되는 방식의 주체성 회복이 이루어지도록 하는 데 얼마나 기여하고 있는지는 아직 미지수이다.

학교가 변화하는 사회적 환경에 대처하여 스스로 변화하지 않으면 변화의 다양한 요구는 사회 환경으로부터 학교로 향하게 된다. 교사들은 단기적, 현실적 맥락(context) 속에서 절실한 과제들을 처리해가며 업무에 전력을 다하지만 급속하게 변화하는 외부환경에 대하여 다른 직업에 비해 상대적으로 둔감한 경향이 있고 학교에 대하여 형성되는 다양한 사회적 기대와 요구를 따라잡는 것이 쉽지 않다. 또한 관료제적 학교 통제로 인해 학교는 환경변화에 신속하게 대응할 수 있는 신축성을 발휘하지 못하고 있는 것이 사실이다. 결국 우리 사회의 급속한 변화에 따른 요구를 학교가 따라가지 못하는 현상이 일반적으로 나타나며 이로 인해 교육개혁의 요구가 학교자체에서 형성되기보다는 외부에서 형성되어 학교체제로 전달되는 양태를 보이게 되는 것이다. 교사들의 지위와 권위의 약화와 함께 학교의 변화에 대한 둔감성은 교육개혁의 아이디어가 밖에서 안으로, 위에서 아래로 전달되게 하는 중요한 원인이 되고 있는 것이다.

3. 문화적 제약

1) 문화와 교육

교육이 이루어지는 곳은 섬이 아니라 문화라는 대륙의 내부이다. 그 문화 속에서 교육이 어떤 기능을 수행하며, 운영되고 있는 삶들 속에서 어떤 역할을 하고 있는가 하는 것이 우선적인 질문들이다 (Bloom, 1996). 가르치고 배우는 일은 본질적으로 문화적 활동이다. 학습과 사고는 항상 문화적 상황 속에 설정되며 문화적 자원을 이용하게 된다. 교육, 교수, 아동, 교과학습 등에 대한 교사가 지닌 가정들(assumptions)은 교실 안에서 그들의 교수활동에 영향을 미친다. 교육과정은 그 사회가 지닌 교육에 대한 가치와 기대, 인간발달에 대한 교육전문가들의 가정에 따라서 선정된다.

한 사회의 지배적인 문화는 교육의 아이디어와 실천에 영향을 미친다. 교육이 자연발생적인 현상으로 어느 사회에서나 일어나는 보편적인 기능이기는 하나, 무엇을 어떻게 아이들에게 가르칠 것인가에 대한 아이디어와 실천은 사회마다 나라마다 다양하다. 모든 사회는 교육에 대한 그들 나름의 독창적인 이념과 가정을 가지고 있으며, 이는 교실에서 일어나는 활동을 결정짓는다. 교사들은 교육에 대한 그들 나름의 토속이론(folk theories), 토속적 교수법(folk pedagogy)을 가지고 있는데 이는 교육에 대한 사회로부터의 신념, 기대, 요구들을 반영한다.

사람들은 현실에 대한 그들의 인식과 해석에서 비롯되는 유형화된 행태를 보인다. 일상 중에 사람들은 현실의 의미를 파악하기 위해 노력하며 현실에 대한 의미부여는 어떤 특정상황에서 그들의 행위를 결정짓는다. 행위란 궁극적으로 한 개인에 의해 취해지기는 하나, 사람들은 어떤 상황에 대해 상당부분 유사한 인식과 해석을 공유하고 있다. 마찬가지로, 학교의 교사들도 학교 내 현실에 대하여 상당부분 같은 인식을 공유하고 있다. 이러한 공유된 인식은 교육실천에 관한 일련의 공통된 행위유형을 가져온다. 이러한 인식은 또한 그들로 하여금 어떤 행위를 하도록 유도하거나 하지 않도록 억제하는 심리 및 정서와 연관된다.

교육은 진공상태에서 일어날 수 없다. 그것은 사회구성원들이 공유하고 있는 복잡한 문화적 의미의 체계 속에서 일어난다. 문화체제는 교육에 대하여 목적, 과업, 방법, 평가기준 등을 제공한다. 교육자들은 문화체제로부터 자유롭지 못하다. 하나의 문화는 교육의 실천을 조장하거나 또는 구속한다. 교육실천은 기존의 실제조건과 교육자들의 현실 인식 및 그에 대응하려는 그들의 의지를 바탕으로 이루어지는 인간의 창조물이다.

2) 교직문화

교직문화란 학교조직 내의 교사들이 공유하고 있는 문화를 말하며, 조직문화란 구성원들이 지니는 공통의 철학, 가치관, 신념체제, 규범, 사고방식, 행동양식, 의식(儀式) 등으로 구성되는 총체를 말한다. 그것은 일시적으로 형성되거나 표출되는 것이 아니라 오랜 시간을 두고 유형(pattern)화되어 상당히 예측가능한 안정성을 지니고 나타나며, 조직구성원들의 공통된 경험을 통한 후천적인 학습으로 인해 형성되는 것이다. Schein(1992)에 의하면,

> "조직문화는 보다 심층의 기본 가정 및 신념으로 조직구성원에게 공유되고 무의식 속에 작용하며 한 조직이 그 자신과 주변에 대하여 아주 당연한 것으로 받아들이는 관점을 제공한다. 이러한 가정과 신념들은 조직이 외적 환경 속에서의 생존과 내적 통합이라는 문제에 당면하여 나타내는 학습된 반응이다. 그것들은 조직의 문제를 반복적으로 신뢰롭게 해결해주므로 아주 당연한 것으로 받아들여진다."(p.12)

이러한 가정과 신념은 조직에 스며들어 있기 때문에 눈에 띄지 않게 받아들여지고 조직의 일상적인 행위에서 자동적으로 나타나며 그 속에 뿌리를 내려 구성원은 조직 내의 문제를 인식하고 사고하며 느끼는 올바른 방법으로서 이를 자동적으로 학습하게 된다(Evans, 1996).

Schein(1992)은 문화에는 세 가지 층(layer), 즉 유형(有形)의 문화적 산물(artifacts), 가치(values), 그리고 기본 가정(basic assumptions)이 있다고 한다. 문화적 산물이란 문화의 가장 구체적 수준으로서 물리적, 사회적 환경을 의미한다. 학교의 물리적 공간, 사용되는 언어, 복장, 분위기, 행동규범과 정서표출 양식, 신화와 일화, 관습, 의식 등은 이에 포함된다. 이러한 실체와 행동들은 문화의 가장 가시적인 부분이며 다른 문화와 쉽게 비교가 가능하다. 이러한 특징들이 학교문화에 대한 은밀한 단서를 제공하기는 하나 그들의 의미에 대한 제3자의 해석이 실제로 그들이 의미하는 바와 다를 수 있기 때문에 제3자가 그 의미를 정확하게 해석하는 것은 쉽지 않다.

가치(values)는 보다 복잡하다. 이는 조직구성원이 신봉하는 '어떤 일을 처리해 나가는 방식'이다. 그것은 가설로서 시작되어 결과로서 현실로 받아들여진다. 그것의 당위성이 조직구성원에게 집단적으로 공유되면서 조직 내에 뿌리내리게 된다. 그러나 신봉되는 가치 중에는 그대로 실천되는 것도 있고 실천되지 않는 것도 있을 수 있다. 당위성은 인정되나 실천되지 못하는 가치들도 그 나름대로 문화의 일부를 구성한다. 전인교육, 창의성 교육, 민주적 학교경영 등은 우리 교육에서 신봉되는 가치들이나 실천하기가 쉽지 않은 예라고 할 수 있다.

조직문화의 가장 깊은 수준은 구성원들이 가지고 있는 기본 가정들이다. 이들은 구성원들의 행동을 안내하고 그들이 지각하고 사고하며 느끼는 방식을 형성하는 근본적이고 바탕에 깔려 공유되고 있는 확신들(convictions)이다. 그것들은 가장 무의식적이고 암묵적인 수준에서 작용한다. 눈에 보이지 않으며(invisible) 그것을 물리치기는 어렵다(invincible). 따라서 문화적 가정과 신념들은 이로부터 파생되는 가시적인 산물(artifacts)이나 신봉되는 가치(values)에 비해 파악하고 이해하기가 훨씬 어렵다. 우리가 학교 내의 문화를 그 산출물과 내세우는 가치 등을 연구하여 추정할 수는 있어도 그것에 대한 진정한 이해는 오랜 기간 학교생활에 직접 참여함으로써만 가능하다.

일반적으로 조직의 구성원들은 사물을 인식하고, 해석하고, 반응하는 근본적인 방식을 공유하고 있으며 이러한 방식은 새로이 당면하는 문제에 대처하는 방법을 처방하여 준다. 이러한 방식은 구성원들이 그들의 주어진 현실 속에서 당면 문제를 해결해 가는 과정에서 스스로 터득한 것이다. 즉 구성원들의 문제해결 경험이 축적됨으로써 학습된 것이다. 집단의 구성원들이 경험을 통해 공유하고 있는 이러한 문제해결의 관념적 틀을 인지인류학(cognitive anthropology)에서는 문화모형(cultural model)이라 부르는데 이를 문화의 요체라고 보며 학자들의 연구대상이 된다. 문화모형이란 어느 집단이 공유하고 있는 인지구조(cognitive structure)로서 사물을 인식, 해석하고 이에 반응하는 지적 작용과 정서적 작용이 동시에 일어나는 마음의 틀(frame) 혹은 그 틀이 특정 대상에 반영되어 표출된 것을 의미한다. 한 집단의 문화모형은 그들의 역사적 경험과 그들이 놓여 있는 상황(context)을 바탕으로 형성된다. 그것은 상당기간의 경험을 통해 형성되기 때문에 상당한 안정성을 지니나 그렇다고 영구불변인 것은 아니다.

문화모형(cultural model)의 변화는 새로운 경험을 통해 가능하다. 기존의 문화모형으로는 해석이 되지 않는 전혀 새로운 경험을 겪게 될 때 기존의 문화모형은 도전에 부딪히게 된다. 사람들은 새로운 경험에 의미를 부여하기 위해 기존의 모형을 수정 보완하지 않으면 안될 것이다. 어떤 경험들은 기존의 모형을 강화시키기도 하고, 반대로 어떤 경험들은 이를 전적으로 버리고 새로운 모형을 도입하지 않으면 안 되는 상황을 가져올 수도 있다.

문화는 본질적으로 보수성을 지닌다. 사람들은 불확실한 상황에서 불안과 위험을 느끼며 이로부터 탈피하여 안전과 예측가능성을 추구하려는 욕구를 가지고 있다. 문화는 이러한 개인과 조직 전체에 안전장치를 제공한다. 조직의 입장에서는 새로운 구성원에게 그들의 행동규범과 가치관, 즉 문화를 전수함으로써 기존의 체제를 보존하고 기존의 권력관계를 유지시킴으로써 예측가능하고 안전한 조직 내의 삶을 지속시킬 수 있다. 개인의 입장에서는 자신이 소속되어 있는 집단의 규범과 행동방식을 습득함으로써 구성원으로서 인정을 받고 지위를 확보함으로써 정체성을 부여받고 스스로 안전하고 예측 가능한 삶을 영위할 수 있다. 문화는 한 집단을 현상유지 및 지속시키는 끈(rope)의 역할을 한다.

결국 문화는 본질적으로 보수적인 힘을 발휘한다. 사람들은 그러한 문화를 학습하여 그것이 "세상이 돌아가는 방식(the way things are going)"이라고 받아들이며 한편 그것이 쉽게 바뀌지 않으리라는 기대를 가지고 있다. 그러한 믿음 속에 사람들은 문화적인 기본 가정들을 토대로 자신들의 의식세계, 신념체계, 행동규범들을 구축하고 그 틀 속에서 자신의 현실에 의미를 부여하여 살아가고 있는 것이다. 이와 같이 촘촘하게 직조된 천과 같은 문화의 심층 수준은 쉽게 변화하지 않으며 집단 속의 삶의 방식에 안정성을 부여하며 미래를 예측 가능하게 한다. 이러한 안전장치 속에서 개인은 안전의 욕구를 충족시킬 수 있으며 반면에 자신들의 안전을 위협하는 어떠한 작용에 대하여 거부반응을 보이는 경향이 있다. 이러한 안전장치는 결국 조직문화의 보수성과 변화에 대한 저항이 표출되는 관념적, 행동적, 정서적 틀로 작용하는 것이다.

3) 우리 학교의 문화

Evans(1996)는 교직이 가진 특징으로 사회적 복합성(social complexity), 다중성(multiplicity), 개인적 참여(personal involvement), 동기부여의 부담(motivational burden), 공공성(public nature), 예측불가능(unpredictability), 전문적 고립성(professional isolation) 등을 들고 있

다. 교사들은 여러 학생 및 동료와 상호작용하며, 그들의 일은 동시에 여러 가지가 수행되며, 학생과 인간적 관계를 맺어가면서 그들에게 동기를 부여하여야 하고, 항상 무대에 서 있기 때문에 그들의 행위가 공개되며, 가르치는 일은 그 결과가 항상 예측불가능하며, 그들의 일은 기본적으로 동료 간의 상호 개입 없이 개별적 독립적으로 이루어진다는 것이다. 이들은 교직의 속성인 동시에 교직문화 형성의 배경이 된다. 우리 학교에는 이들 특징이 얼마나 적용되는가?

우리 중등학교의 교직문화에 대한 이혜영 등(2001)의 연구는 우리 교사들의 문화를 1) 관계지향적 2) 경계유지, 3) 방어 보수적, 4) 무력감과 체념 등으로 요약하고 있다. 관계지향적이라 함은 교사들이 학생과의 관계 설정을 매우 중요하게 생각한다는 것이며, 경계유지란 동료교사 간에 서로 상대방의 영역을 침해하거나 침해받기를 원하지 않는 성향을 지적하는 것이다. 이는 곧 개인주의적 행동양태를 의미한다. Rosenholtz(1991)는 교사들이 자신들의 자존심(self-esteem)을 매우 중시하며 스스로 이를 보호하려는 강한 성향을 지니고 있음을 지적한다. 교사들은 서로 독립된 작업 및 분리된 공간 속에서 상호 개입을 피하며 자신의 자존심을 지켜가는 문화를 지니고 있다는 것이다. 이러한 주장은 우리 학교의 경계유지 문화와 맥을 같이한다고 생각된다.

교사들의 방어 보수성은 안전욕구에서 비롯되는 것으로 자신의 안전성이 보장되지 않는 교육활동에 대한 기피 경향 등을 포함하는 것이다. 교사들은 교육적으로 필요한 것이라도 그로 인해 논란이나 충돌이 생기는 것이라면 이를 회피하는 경향이 있다. 그러한 결과가 결국 자신의 안전을 해친다고 생각하기 때문이다. 교사들은 근래 들어 외부로부터의 위협에 대하여 자신들이 너무 무방비 상태라는 인식을 많이 갖고 있는데 이는 빈번한 학부형으로부터의 교권 침해 사례 또는 인터넷을 통한 개인 비방 등에 많은 영향을 받고 있기 때문이다. 무력감과 체념은 주로 수업의 한계와 학생통제의 어려움 등과 관련되며, 보다 넓게는 교권의 하락 및 학교의 교육기능 저하 등과 관련되어 있으며 교육적으로 효과가 크지 않으면서 업무부담을 증가시키고 형식주의적 대응을 조장하는 교육개혁으로 인한 피로와 회의감 등도 그 원인의 일부를 이루고 있다고 판단된다.

이인효(1990)는 우리 일반계 고등학교의 문화를 연구하였는데 교사들에게는 '능력'과 '복종'이 가장 중요한 주제어로 인식되고 있다고 한다. 이는 주로 동료 간의 평가에서 나타나는데 교사들은 능력이 있는가와 교장에게 복종적인가의 여부 두 가지 기준에 의해 평가된다는 것이다. 여기서 능력이란 학생들을 효과적으로 학습시켜 대학입시에서 좋은 성적을 내도록 하는 능력을 우선적으로 지칭하며, 여기에 학교의 행정적인 업무를 처리하는 능력이 추가된다. 교장이 가장 선호하는 교사는 능력과 복종성을 모두 갖춘 교사이며 이러한 교사는 교장으로부터 좋은 근무성적을 부여받게 된다. 교장은 능력은 있으나 복종하지 않는 교사를 능력이 없으면서 복종하는 교사보다 상대적으로 선호하는데, 이는 대학입시가 지상과제인 일반계 고등학교의 상황이 반영된 현상이라고 해석된다. 이 연구는 그 내용을 일반화하는 데는 다소 무리가 있을지 모르나 우리 학교 문화의 단면을 보여주는 의미 있는 연구 중의 하나라고 생각된다.

이용숙(1992)의 중등학교 문화 연구는 획일성과 위계성을 우리 학교의 대표적인 문화적 특징으로 들고 있으며 이로 인해 학교운영 전반에 나타나는 형식주의와 이중성을 지적하고 있다. 획일성은 중앙집권적 행정체제에 의한 학교 규제에 따라 교육운영 및 학교관리 전반에 나타나고 있으며, 학교에서는 직책과 경력, 연령 등에 따른 상하위계 의식이 뚜렷하게 자리잡고 있다는 것이다. 형식주의는 학교 규정의 준수나 교사들의 학습지도안 작성, 학생들의 과제 작성 평가 등을 비롯한 학교운영 및 교육활동 전반에서 나타나며 이로 인해 교사뿐만 아니라 학생들에게도 이중적인 행태가 보편화되어 있다고 보고하고 있다.

학교의 형식주의에 대하여는 다른 많은 연구들에서도 지적되고 있는데, 이들을 정리해보기로 한다. 양승실 외(2001)는 학교교육 내실화 방안에 대한 연구에서 학교에서 이루어지는 활동 전반에 형식주의가 작용되고 있음을 지적한다. 첫째, 수업의 형식적 운영이다. 내용의 완성보다 진도를 "빼는"데 우선순위를 두는 수업은 항상 시간에 쫓겨 미완성의 상태로 남게 되며, 학생들에게 강좌선택의 기회가 없기 때문에 자신의 욕구와 수준에 맞지 않는 수업에 대하여 흥미를 잃게 되고 수업참여 동기가 낮아지게 된다. 수업 분위기의 산만, 학생의 학습능력 차이 고려에 대한 교사의 체념 등은 수업의 완성도를 떨어뜨리고 형식적으로 운영되도록 하는 원인이 된다.

둘째는 학교규칙의 의례화이다. 복장 등 학생에 대한 규정들은 현실적으로 잘 지켜지지 않으며, 학생이나 교사 모두 지켜질 수 없는 규정이라는 것을 알고 있다. 규정들은 상징적인 의미 외에는 규정으로서의 가치를 잃고 있다. 셋째는 교육과정의 형식적 적용이다. 이는 주로 7차 교육과정 적용 초기의 상황에 대한 것이며, 교사들이 7차 교육과정에 대하여 충분한 지식과 이해가 부족한 상황에서 감사를 의식하며 교육과정을 편성하는 데서 나타나는 형식성을 지적하고 있다.

넷째는 학교 내 지원체제의 형식적 운영이다. 교내장학(자율연수)의 유용성에 대한 교사들의 긍정적 반응이 48.8%에 불과하다. 학교의 조직 및 우선순위가 교수활동보다 행정업무 처리 중심으로 구성, 운영되고 있으며, 교사의 97.1%가 학교에 오는 공문이 전시적, 형식적이라고 반응하고 있고, 불필요하고 정당성이 결여된 공문 처리에 시간과 에너지를 뺏긴다는 인식을 교사들이 공유하고 있음을 지적하고 있다.

김병찬(2003)은 중학교 교사들의 교직문화 연구에서 교사들의 문화적 특징으로 형식주의를 들고 있다. 형식주의는 수업을 비롯하여 다양한 활동에서 나타난다고 지적한다. "수업시간에 들어가기만 하면 된다"(p.10)는 생각이 존재한다고 지적한다. 즉 수업을 하는 것이 중요하지 수업방법이나 내용은 서로 거론하고 문제시할 대상이 아니라는 생각이 작용하고 있다는 것이다. 교과협의회의 운영도 전문적인 토의나 대화 없이 행정적인 결정 정도에 그치는 형식적 운영이 이루어지고 있으나 보고에는 전문성 신장을 위한 회의가 운영되고 있는 것으로 되어 있다고 한다.

교내 자율장학 차원에서 이루어지는 연구수업도 서로 기피하는 가운데 가장 경력이 적은 교사가 맡게 되며, 연구수업을 맡은 교사나 참관하는 교사 모두 이를 통해 전문성이 신장된다고 생각하지 않는다고 한다. 다만 해야 하니까 하는 것에 불과하다. 그 외에 학교에서 실시하는 다양한 행사들도 형식적인 경우가 많다고 지적한다. 체육대회, 학예발표회, 작품전시회 등이 그 예이며 이들은 학교 주체적이고 자발적인 것이 아니라 교육청의 강요성 공문 때문에 "치러내야" 하는 숙제이며 참가하는 교사들도 적극성 없이 마지못해 하고 담당교사만 "죽어나는" 그런 행사가 된다고 지적하고 있다.

허숙(2001)은 교육과정 운영과 교원능력 개발에 관한 연구에서 학교의 교육과정 운영계획 수립이 12월에서 2월 사이에 이루어져 시기적으로 다수 교사들의 적극적인 참여와 협의가 어려워 주로 교감과 소수의 교사들에 의해 이루어지고, 교사들은 이를 형식적으로 받아들이게 되는 경우가 대부분이라고 지적하고 있다. 결국 학교단위의 교육과정 계획서가 많은 교사들에게 형식적으로 인식되어 실제 수업활동에 연계시키는 사례가 많지 않다는 것이다.

임연기(2004)는 학교평가문화를 진단하면서, 학교평가에 대한 '대충문화', '장식문화'를 지적하고 있다. 학교평가가 교직원 전체가 아니라 특정부서 또는 개인 중심으로 추진되고 기획과 집행 등 다른 활동들과 연계되지 못하고 단기적, 즉흥적으로 추진되는 경향이 있다고 한다. 피조사자의 66%가 최선을 다해 평가에 임하지 않는 것으로 응답하였다(p.58). 평가자 측에서도 평가기준에 대한 이해, 자체 평가보고서의 숙독, 준비된 자료의 분석, 면담과 관찰 활동의 집중도, 현장 확인 등에서 느슨한 면이 나타나며, 이는 학교로 하여금 내용보다 포장이 중요하다는 인식을 갖게 만든다고 지적한다. 이로 인해, 자체보고서의 작성에서 부풀리기가 일상화되고 이를 당연시하는 인식이 형성된다. 또한, 64%의 조사응답자가 학교평가에서 교육의 과정에 대한 관찰보다 문서나 실적 점검이 중시된다고 반응하였으며, 학교개선에 활용여부는 82%가 부정적인 응답을 보였다. 결국, 학교평가는 학교의 실제 교육활동과 상관이 없이 이루어지고 별 도움을 주지 못하는 가운데 본질적 내용보다는 포장된 외양 중심 실적에 대한 피상적인 평가에 그치는 전형적인 형식주의 사례에 해당함을 지적하고 있다.

　우리 학교의 조직문화가 어떤 모습을 지니든, 그것은 이미 학교구성원들의 일상 속에 암묵적으로 작동하고 있으며 그들이 살아가는 방식의 중요한 일부를 구성하고 있다. 또한, 그러한 삶의 방식은 그들이 학교라는 공간 속에서 경험하는 현실에 대한 인식과 해석, 반응을 반영하고 있으며 많은 시간을 통하여 학습되고 축적되어 온 것이다. 이러한 문화 자체가 우리 학교의 현실이다. 교육개혁은 현실 위에서 시작되어야 한다. 현실과 단절된 비현실적 개혁 아이디어는 현장에서 수용되기 어렵다. 현재의 학교문화는 교육개혁의 토대가 되는 동시에 개혁의 제약이 될 수 있다. 어떤 경우든 우리는 학교의 문화를 피해 교육개혁을 이룰 수는 없다. 경우에 따라서는 이러한 문화를 변화시키는 것 자체가 개혁의 목표가 될 수도 있다. 그러나 현재의 문화가 하루아침에 형성된 것이 아니듯이 이를 바꾸는 데에는 상당한 시간이 소요될 수밖에 없다. 더구나, 현재의 문화를 변화시킬 만한 새로운 경험을 통한 새로운 학습이 이루어질 때에만 문화의 변화가 가능하며, 그러한 경험의 제공은 기존 문화의 형성과정 및 요인, 작동 구조에 대한 정확한 이해를 전제로 학교구성원이 의미 있는 새로운 학습기회를 가질 수 있도록 이에 적합한 접근법을 적용하여야만 실현될 수 있는 일이다.

제 **2** 장

교육개혁의 접근법

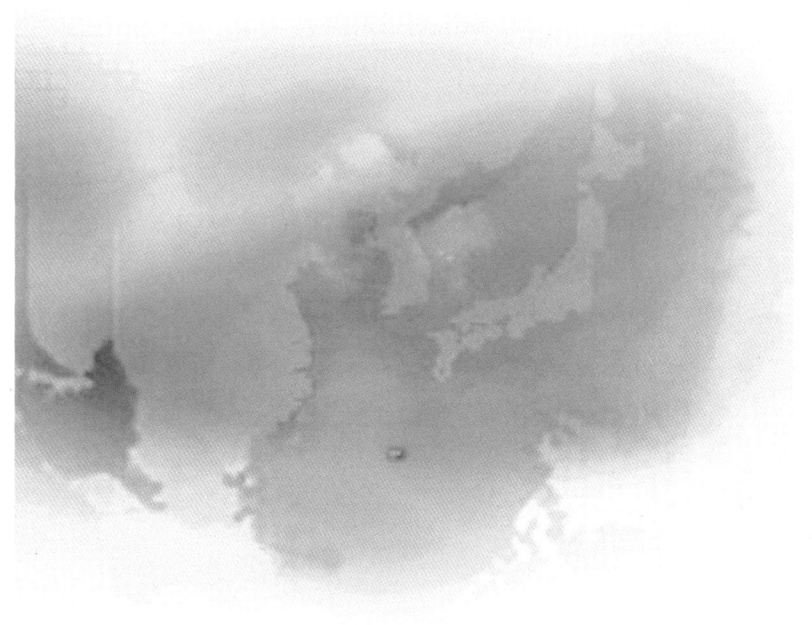

제 2 장 ┃ 교육개혁의 접근법

    제1장에서 논의된 교육개혁에 대한 제약들(constraints)은 오늘날까지 적용되어 온 교육개혁의 접근법과 밀접하게 연관되어 있다. 교육개혁을 둘러싸고 있는 정치적, 제도적, 사회문화적 환경은 개혁주도자들의 신념체제에 영향을 미친다. 그들의 신념체제는 학교교육에 대한 그들의 기본적 인식과 교육개혁과정에 관여되고 있는 집단－특히 교사와 학생－에 대한 가정들(assumptions)을 포함한다. 학자들은 교육개혁에 있어서 적용되어 온 전통적인 접근법에 어떤 특징이 있다는데 의견을 같이하며 Evans(1996)는 이를 '합리적－구조적 패러다임(rational－structural paradigm)'으로, Hargreaves(1994)는 '기계적 모형(mechanistic model)'으로 지칭하는 등 이에 대한 다양한 표현을 사용하고 있다. 학자들은 이와 같은 전통적인 접근법이 교육분야뿐만 아니라 20세기의 산업과 과학기술, 정부부문을 비롯 사회일반을 광범위하게 지배해왔음에 동의한다. 이 장에서는 이러한 접근법의 기본 가정, 효과, 문제점 등이 논의되며, 또한 이러한 전통적 접근법에 대한 반작용으로 나타난 대안적 접근법－체제적 접근, 생태론적 접근, 인간중심 접근, 공동체적 접근－에 대하여 논의가 이루어질 것이다.

1. 합리적-구조적 패러다임

1) 기본 가정과 본질

이 접근법은 인간에 대한 다음과 같은 가정에 기초하고 있다. 1) 사람들은 항상 합리적으로 행동한다. 즉 그들은 자신들이 수립한 목표에 가장 잘 기여하는 방식으로 행동한다. 2) 사람들은 적절한 상벌에 의해 통제가 가능하다. 3) 사람들의 행동은 힘의 조작(manipulation of forces)에 의해 변화 가능하다. 이 접근법은 인간 자체보다는 구조, 기능, 과업, 역할, 규칙 등에 초점을 둔다. 세상은 사건들이 선형적 인과법칙에 의해 전개되는 질서 있는 곳이며, 모든 사물은 정보만 제공된다면 이해될 수 있다고 가정한다. 이 접근법에서 조직은 근본적으로 안정적이고 논리적인 체제이며 주로 그 공식적인 성질-노동의 분화, 구조적 계층, 공식적 역할, 처방된 절차 등 모두가 논리적이고 기능적이어야 하며 조직의 책무성과 효율성을 지지하는-에 의해 이해될 수 있다.

이러한 가정 아래 교육의 변화와 관련하여 이 접근법은 구조적 변화와 인간행동의 변화를 유도하기 위한 외부적 보상과 처벌에 초점을 둔다. 이는 경제학에서 사용되어 온 합리적 행위자(rational actor) 모델을 취하기 때문에 공식적인 목적을 달성하기 위한 좋은 아이디어가 있으면 사람들은 이를 받아들이고 실행할 것이라 가정한다. 교육변화의 전략은 개혁과제에 관련된 대상의 조작에 바탕을 두어 논리적으로 조직된다. 사물 간의 관계, 그리고 문제와 해결책의 관계는 논리적으로 분명하게 공식화(formularized)된다.

이 접근법은 그 이념 면에서 구조-기능주의에, 인간행위에 대한 이론 면에서 행동주의에 근거하고 있다. Combs(1991)는 이를 폐쇄체제적 사고(closed system thinking)라 부른다. 폐쇄체제적 사고는 분명하게 정의된 목적에서 출발하여 필요한 수단과 도구를 선택하고, 계획을 실행하며 결과를 평가한다. 이 접근법은 능률성, 논리성, 객관성을 중시하여 설득력 있게 보인다. 실제로 이는 효율성을 중시하는 과학기술 및 산업분야에서 잘 적용되어 왔다.

이 접근법에서는 아이디어 자체가 매우 중요하며 따라서 개혁 아이디어를 제안하는 사람들이 중요해진다. 개혁 아이디어들은 대부분 학교체제 밖의 인사들에 의해 주도되어 왔다. 정치인, 전문가, 학자, 관료, 산업계, 사회지도자와 같은 아웃사이더들의 아이디어가 개혁지도자들에 의해 채택되고 학교로 전파된다. 그 때문에, 기본적으로 개혁아이디어는 위에서 아래로 흐르게 된다. 결정은 상부에서 이루어지고 현장에 있는 사람들은 결정을 이행하도록 요구된다. 처방된 대로 실천이 이루어지도록 하기 위한 관리와 통제가 학교행정의 가장 중요한 기능이 된다. 교사들은 상부로부터 시달된 명령과 규칙을 따르도록 요구되며 외재적 상벌체제에 의해 통제된다.

2) 효과와 문제점

합리적-구조적 접근법은 조직이 어떻게 기능하여야 하는가를 설명하는 데 유용할지 모른다(Bolman and Deal, 1991). 이 방법은 목적을 정의하고 인간의 행동을 통제하기 위한 조건들을 조작하여 효율적으로 목적을 달성하는 전략을 수립하는 데 있어 매우 명료하다. 이런 관점에서 이 접근법은 적어도 기획단계에서는 합리적이고 효과적으로 보이며, 분명한 예상결과를 제시하므로 대중에게 설득력을 지닌다.

Combs(1991)는 그가 힘의 조작 접근법이라 부르는 이 합리적 접근법은 세 가지 조건이 갖추어졌을 때 효과적일 수 있다고 한다. 1) 성취되어야 할 목적을 분명하게 정의내릴 수 있다. 2) 목적들은 단순하고 복잡하지 않다. 3) 모든 통제수단들이 교사나 행정가와 같은 개혁수행자의 손안에 있다. 그러나 광범한 교육개혁 추진에 있어서 이러한 조건들은 좀처럼 충족되기 어렵다. 목적들은 종종 애매하고 분명하게 정의되기 어렵다. 그러한 애매하고 복잡한 목적을 달성하는 수단은 종종 완전하게 개혁가들의 손안에 있지 않다. 많은 이익집단과 외부세력들이 개혁의 과정에 개입한다. 학교는 이완결합(loosely coupled)되어 있기 때문에 교사들은 행정가들의 완전한 통제하에 있지 않으며, 학생들 또한 교사들이 완전히 통제하기 어렵다.

학교의 오래된 문제점들이 존속된다는 사실은 전통적인 합리적－구조적 접근이 그러한 문제를 해결하는 데 성공적이지 못하였음을 보여준다. 개혁이 실패할 때의 전형적인 대응은 개혁의 구안자보다는 현장의 교사를 나무라는 것이었다. 그러나 지금은 구안자의 가정들이 만성적인 교육개혁 실패의 주된 원인이라는 것이 드러나고 있다. 전통적 접근법은 개념적, 실천적 오류를 모두 안고 있다. 이 접근은 조직 내부 및 주위의 동태적 흐름과 복잡성을 무시하고 있다. 이는 선형성, 합리성과 공식적 구조를 지나치게 중시하고 있으며 현장의 생명력 있는 현실(vital realities of the context), 인간의 심리, 변화의 과정을 방관하고 있다(Evans, 1996).

인간보다 사물에 초점을 두는 합리적-구조적 접근은 인간이 사회문화적, 제도적 맥락에서 어떻게 행동하는가에 대한 진지한 관심을 결여하고 있다. 인간은 어떤 자극에 대하여 항상 합리적으로 대응하는 것으로 가정되므로 그들이 자신의 현실을 어떻게 인식하는가는 관심 밖이 된다. 중요한 것은 그들의 나타난 행동이며 객관적인 요소들과 그 행동과의 인과관계이다. 그 때문에 인간들은 통제되고 조작되어야 할 객체로 간주된다. 인간 행동에 대한 이러한 단순한 가정은 인간의 동기부여 측면에서 심각한 약점을 보여 왔다. 이러한 면에서 사람들이 획득하는 주관적 의미가 객관적인 자극보다 중요한 역할을 한다는 점이 그동안 강력하게 제기되어 왔다.

전통적인 접근은 현실 그 자체를 지나치게 단순화한다. 세상은 이 접근법에서 가정되는 것보다 훨씬 복잡하다. 많은 경우에 사물은 분명한 선형적(linear) 인과관계에 있지 않다. 선형성의 가정은 사물이 서로 상호작용하고 서로 영향을 미치며 따라서 서로 얽혀 있고 상호의존하고 있다는 사실을 간과한다. 전통적 접근법의 단순화된 가정은 문제상황의 복잡성을 이해토록 하는 데 실패해 왔다.

이 접근법의 또 다른 문제는 투입과 산출을 강조하는 가운데 개혁의 실천과정을 경시하는 것이다. 과정은 관련된 객체들 간의 분명한 선형적 관계에 기초하여 공식화(formalize)되기 때문에 산출물의 질을 결정하는 가장 중요한 요인은 투입의 질이라고 인식된다. 과정은 단지 관리 통제되어야 할 대상이지 창조되고 재창조되는 것이라는 인식은 희박하다. 투입과 산출에 비하여 과정에 대한 상대적으로 낮은 관심은 산출의 질에 영향을 미치는 과정요인에 대한 적절한 지식의 결핍을 초래한다.

2. 대안적 접근법

1) 체제적 접근(systemic approach) / 생태론적(ecological) 접근

이 접근법은 전통적 접근의 기본 가정들을 거부한다. 이는 사실 간의 선형적 인과관계를 부인하고 세상을 복합성과 다중성의 관점에서 바라본다. 또한 전통적 접근의 안정성 및 예측가능성 가정에 회의를 품는다. 세상은 예측불가능하고, 불안정하며 항상 변화한다. 따라서 복합적인 문제를 해결하기 위한 고정된 공식이 있을 수 없다. 문제해결은 단순한 아이디어를 특정 대상에 기계적으로 적용하는 것이 아니라, 불확실하고 복잡한 상황에 신축적으로 대응하면서 해결책을 형성(construct)하여 가는 과정이다. 논리성은 더 이상 최상의 우선순위가 아니며, 반면에 신축성(flexibility)과 연결성(connection)이 사고에 있어 더욱 중요성을 갖는다. 체제적 접근의 기본개념은 Senge(1994)에 의해 잘 표현되고 있다.

"기업 및 사람들의 다른 노력들 역시 그 자체가 체제라고 볼 수 있다. 그것들은 상호 연관된 행위들로 보이지 않게 짜여 있으며 서로가 미치는 영향이 완전히 나타나는 데 종종 수년이라는 시간이 걸리기도 한다. 우리 자신이 우리가 짜놓은 수(laceworking)의 일부이기 때문에 변화의 전체 패턴을 바라보기는 매우 어렵다. 그 대신에 우리는 고립된 부분들의 정지된 모습에 초점을 두는 경향이 있으며 우리들의 가장 뿌리 깊은 문제들이 왜 해결되지 않는가에 의문을 갖는다. 체제적 사고는 전체 패턴을 보다 명확하게 하고 그것을 어떻게 하면 보다 효과적으로 변화시킬 것인가를 우리가 알 수 있도록 돕기 위해 지난 50년간 발전되어 온 지식과 도구의 총체, 하나의 개념적 틀(conceptual framework)인 것이다."(p.7)

체제적 접근은 한 문제를 그 주변환경과 역사적 맥락과의 연계를 고려하여 전체적인 관점에서 바라보는 반면, 합리적-구조적 접근은 문제를 정태적(靜態的)인 관점에서 하나의 부분에 한정하여 파악하는 경향이 있다. 그러므로 체제적 관점에서 볼 때, 전통적 접근법은 너무 순진(naive)하고, 지나치게 단순화되었으며, 비현실적이다.

체제적 접근은 부분적, 점진적 변화보다는 대규모의 변화를 선호한다. 그 이유는 한 부분의 변화가 사물들이 복잡하게 연관되어 있는 전체체제를 변화시키기 어렵다는 인식에 연유한다. 많은 경우에, 오히려 부분적 변화는 관련된 단위와 주변환경의 동반 변화 없이는 그 자체의 변화도 유지하기 힘들다는 것이다. 대규모 변화시도의 장점은 개혁가들이 보다 많은 요소들을 변화에 끌어들일 수 있으며 종합적인 개혁 전략을 수립할 수 있다는 데 있다. 이와 관련하여 개혁과정의 일관성(coherency)을 유지하기 위하여 조정(coordination)의 역할은 더욱 중요해진다. 개혁이 이루어지는 상황의 복잡성이 더해질

수록 내적 일관성과 조정의 중요성은 커지게 된다.

학자들과 교육자들의 관심이 증대되고 있는 생태론적 접근(ecological approach)은 이러한 체제적 사고를 그 핵심으로 하고 있다. Lambert, Dietz, Kent & Lichert(1996)은 "생태론자들은 학교를 생태체제(ecological system)로 보는데 그 안에는 어린이와 성인이 같이 존재하며, 그들의 존재와 관계의 유형은 학교건물, 학교에 배분된 자원, 지역사회의 경제, 학교 안의 다양한 문화, 새로운 구성원의 등장, 새로운 법률, 지방과 중앙정부의 요구 등에 의해 영향을 받게 된다"고 설명한다. Lambert 등(1996)은 "학교의 상황(context)에 있어 성인과 학생들은 학습을 위한 자원과 능력을 집단적으로 보유하며 변화하는 조건에 적응하며 발전해 나간다. 이러한 조건들은 학습과 특정 학문영역에 대한 변화하는 지식, 변화하는 학교구성원, 행정체제의 변화, 사람들의 시간과 재정적 지원을 비롯한 자원의 증감 등을 포함한다"고 주장한다.

변화하는 조건에 대응하여 자신을 조직할 수 있는 역량은 한 조직의 자기 쇄신(self-renewal)을 가능케 한다. 자기조직(self-organization)은 하나의 살아 있는 체제가 점차로 복합화되면서 보다 효과적인 방법으로 기능하기 위해 스스로를 조직해 나가는 것을 의미한다. 전통적 접근과 비교해 볼 때 체제적 사고의 원리들은 부분이 아닌 전체, 개체가 아닌 관계, 계층이 아닌 네트워크(network), 자원획득을 위한 경쟁이 아닌 공동목적을 위한 파트너십(partnership) 등에 담겨 있다. 또한 자기조직(self-organization), 신축성(flexibility), 다양성(diversity), 공동발전(coevolution) 등의 원리들이 추가로 강조된다. 이를 바탕으로 한 생태적 모델을 교육변화에 적용하기 위해서는 소위 생태적 설계 지능(ecological design intelligence)이 요구된다.

"생태적 설계지능이란 사람들이 살고 있는 생태적 환경(context)을 이해하고 그 한계를 인식하며 사물의 스케일의 적정성을 감지하는 능력이다. 그것은 인간의 목적과 자연의 제약 간의 균형을 맞추는 일이며 그렇게 하는 데 있어서 품위(grace)와 경제성(economy)을 지키는 능력이다. 그 핵심에 있어 생태적 설계지능은 세상에 대한 윤리적 관점과 그에 대한 우리의 의무에 의하여 자극된다. 종종 그것은 가능성 있고 또 누군가에게 이득을 줄 수 있는 그런 일들에 대하여 No라고 말할 수 있는 양식과 도덕적 에너지를 요구한다. 생태적 설계지능의 가장 확실한 표시는 집단적으로 성취되는 것들 즉 건강함, 지속성, 탄력적 회복성, 정당성, 공동체의 번영 등이다."(Orr, 1994, pp.2-3)

2) 인간중심 접근(humanistic approach) / 공동체적 접근

교육개혁과 관련하여 인간중심적 접근법의 핵심 아이디어는 교육변화는 사람들의 개인적 성장의 과정이며 이러한 성장은 변화과정에서 이루어지는 학습으로부터 온다는 것이다. 이 접근법에서 학습의 개념은 행동심리학보다는 인지적 학습이론에 바탕을 두고 있다. 이 학습이론은 구조기능주의와 행태주의에 근거한 전통적 접근법과 달리 인간행동의 설명을 구성주의(constructivism)의 관점에서 시도한다. 이 접근법에서는 의미부여(meaning-construction)가 인간행동 이해를 위한 핵심적 개념이 된다. 학습경험이란 학습자에게 개인적으로 유의미한 것이어야 하며 그를 통해 긍정적 자아개념을 발전시킬 수 있는 것이어야 한다(Combs, 1991). 교육개혁의 과정에서 사람들이 부여하는 주관적인 의미는 그들 행동의 진정한 변화가 일어날지 여부의 관건이 된다.

사람들의 신념, 감정, 정서들은 그들의 행동에 중요한 역할을 한다. 신뢰와 공감을 바탕으로 한 협력적 인간관계의 구축은 개혁성공의 요체가 된다. 교육자들에게 널리 공감되고 있는 작은 학교(small school)의 요구는 교육변화에 대한 이러한 인간중심적 신념에 바탕을 두고 있다. 인간은 변화되어야 할 객체가 아니라 변화의 창조자로 인식된다. 이러한 점에서 이 접근법은 힘의 조작에 바탕을 두고 있는 합리적-구조적 접근을 거부한다.

인간중심적 접근은 소위 '공동체적 접근법(community model)'과 인간의 가치와 잠재력에 대한 이해를 공유한다. Little & McLaughlin (1993)은 학교에 대한 전통적인 '공식조직 관점(formal organization metaphor)'에 대응하여 학교란 교사들이 실천 의식, 전문적 효능감(efficacy), 전문적 공동체 의식 등을 형성하는 사회적 심리적 場(setting)이라는 이해를 바탕으로 하는 공동체 관점(community metaphor)을 제시한다. Little&McLaughlin은 학교에 대한 공식조직 관점은 우리들의 관심을 유인체제, 관리구조, 감시와 책무성, 지배(governance), 기술, 작업장의 물질적 측면 등으로 유도하는 반면, 공동체 관점은 실천 규범과 신념, 동료관계, 공유된 목적, 협력의 기회, 상호지원과 상호의무 등에 우리의 관심을 기울이도록 한다고 지적한다.

앞에서 살펴본 교육개혁에의 전통적 접근법은 우리들이 스스로 의식하지 못한 채 광범위하게 적용되고 있는 이 시대의 지배적 패러다임이라고 해도 과언이 아니다. 이러한 접근법이 그동안 근대 산업사회 발전에 기여한 공은 지대하다고 할 수 있다. 그러나 그것이 지니는 약점으로 인해 한편으로는 비능률과 비생산성이 나타나고 있는 것도 사실이며, 특히 교육분야에서는 그 결함이 증폭 심화되어 나타나는 것이 문제이다. 그 이유는 전통적 접근법의 속성이 교육이라는 영역과 근본적으로 부합되지 않는 면이 있기 때문이다. 다음 장에서는 교육에서의 변화가 이루어지기 위한 조건이 무엇인가를 논의하게 되며 이러한 논의를 통하여 교육분야와 전통적 접근법 간의 불일치가 보다 분명하게 드러날 것이다. 또한 이 장에서 논의된 대안적 접근법들은 뒤에 다루어질 교육변화를 위한 새로운 패러다임 및 변화의 전략에 관한 논의에 상당 부분 반영될 것이다.

교육변화의 속성

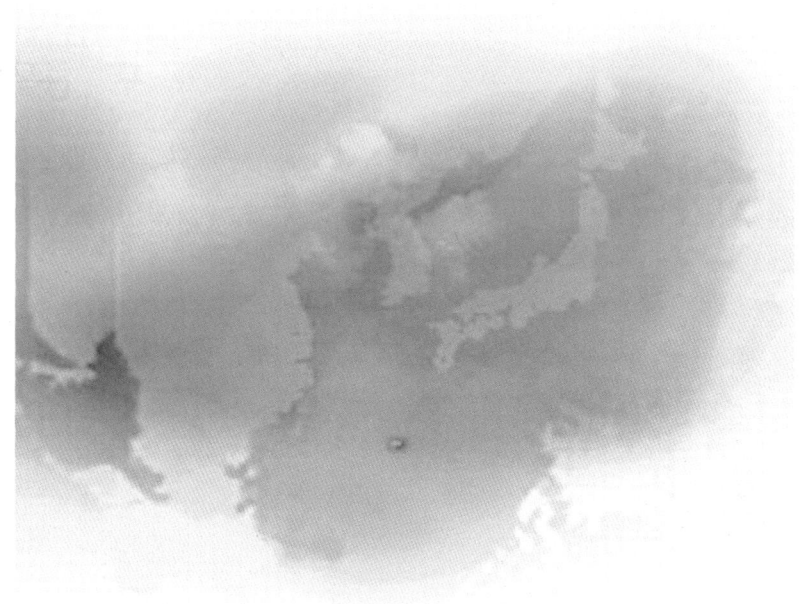

제3장 ▮ 교육변화의 속성

　교육에서의 변화가 가지는 의미와 그 속성, 변화가 이루어질 수 있는 조건과 그 변화의 과정을 이해하지 못하면 어떻게 변화를 일으킬 것인가에 대한 전략을 세울 수 없다. 교육개혁을 통해 학교교육의 변화를 꾀하고자 한다면 먼저 교육에서의 변화란 것이 어떠한 것인가에 대한 깊은 이해가 선행되어야 한다.

1. 교육변화의 의미와 조건

1) 변화의 의미

　교육에서의 변화란 무엇을 의미하는가? 교육의 변화를 통하여 실현하려는 것이 무엇인가를 생각하면 교육변화라는 것이 무엇을 포함하여야 하는가를 짐작할 수 있다. 궁극적인 우리의 관심은 학생의 변화이며 우리가 기대하는 어떠한 바람직한 방향으로의 변화를 의미한다. 이를 위한 수단적인 차원에서 우선 교육활동의 변화 즉 교육방법의 변화를 생각할 수 있다. 이것은 교육활동의 주체가 되는 교사들의 행동, 태도, 신념의 변화를 필요로 한다. 둘째로는 교육내용의 변화이다. 이는 교육과정 및 제반 교육활동 속에 포함되는 학생들의 학습경험의 소재가 되는 것을 말한다. 셋째로 교육여건을 생각할 수 있다. 이는 교육활동이 이루어지는 장(setting)의 유형, 무형의 환경적 조건을 의미한다. 이러한 세 가지 영역은 모두 교육의 질을 높이는 데 관련되고 서로 상호 영향을 미치며 어느 하나도 경시될 수 없는 요소들이다.

이 책의 주된 관심은 이러한 영역 중에서 교사의 교육활동 및 무형의 교육환경에 주어진다.[5] 이 두 가지는 우리가 쉽게 의도적으로 조작, 통제하기가 어렵다는 점에서 공통점을 지니며 서로 밀접하게 연관되어 있다. 교육과정과 유형의 물리적 교육환경은 객관적 인식이 가능하고 보편성에 기초한 합리적 접근이 가능하나, 교사들의 교육행동과 무형의 교육환경은 개개인의 주관적인 세계에 기초하고 있으며 그러한 개개인 행동의 상호작용을 통해 형성되는 것이라는 점에서 특별한 관심과 그에 맞는 적합한 접근법에 대한 연구가 필요한 분야라고 할 수 있다. 중요한 것은 이러한 주관적인 세계와 그에 기초하고 있는 무형의 교육환경이 교사들의 교육활동에 대하여 갖는 구속력이 지대하다는 점이다. 이러한 속성을 정확히 인식하지 못한 상태에서 교사의 교육활동 변화를 시도하는 의도적인 노력들은 따라서 실패할 가능성이 높다. 현실에 대한 불충분한 정보에 입각한 계획을 세웠기

---

5) 무형의 교육환경이란 학교문화, 조직풍토, 업무운영체제, 사회적 관계수립의 양태, 관습·관행 등 소위 잠재적 교육과정이라고 불릴 수 있는 무형의 조건들을 지칭한다.

때문이다.

교육실천의 변화는 궁극적으로 교실에서 일하는 교사에 달려 있다. 교육의 변화는 교육실천에 관련된 교사들의 행동의 변화를 의미한다. 교사행동의 변화는 그들이 과거와 다른 새로운 행동의 패턴을 습득하는 것을 의미한다. 인지적 학습이론에 의하면 인간은 외부적 자극에 직접 반응하기보다는 자극에 대한 그 자신의 인식과 해석에 반응한다. 인간행동에 있어 주관적 현실은 객관적 현실보다 더 중요하다. 사람들은 객관적으로 동일한 상황에 놓여 있을 때에도 서로 다른 주관적 현실을 가지고 있을 수 있다. 어떤 집단은 다른 집단의 것과는 매우 다른 주관적 현실을 공유하고 있을 수 있다.

주관적 현실의 변형(transformation)은 변화의 핵심요소이다. 교사들은 교육개혁의 아이디어와 과정에 대하여 그들이 인식하고 해석하는 대로 행동하며 그들의 해석에 대하여 반응한다. 사물에 대한 인식과 해석이 일어나는 그들의 인지모형(mental model)은 그들의 과거 경험과 인성(personality)에 바탕을 두고 형성된다.[6] 교사들은 교육개혁에 대한 과거 경험을 통해 교육개혁에 대한 그들 특유의 인지모형을 형성하며 이는 다시 새로 다가오는 개혁에 대한 인식과 반응에 영향을 미친다. 만일 그들이 실패하는 교육개혁을 지속적으로 목도하고 경험했다면 그들은 교육개혁에 대한 부정적인 개념과 새로운 개혁에 대한 낮은 기대를 갖고 있을 가능성이 크다.

---

6) 여기서는 mental model을 편의상 '認知模型'이라고 번역하였으나 그렇다고 해서 mental model이 인지적 작용에만 관련되는 것은 아니며 그것은 감각적, 인지적, 정서적 작용이 통합적으로 이루어지는 내적 메커니즘 또는 그것이 외적으로 표출된 형태를 의미한다.

동기부여에 대한 기대이론(expectancy theory)에 의하면, 사람들은 어떤 일을 추진하는 것이 성취가능하고 그들이 가치 있게 여기는 결과를 가져온다고 기대할 때 그 일을 하도록 동기부여된다고 한다. 교사들은 새로운 교수법을 적용하는 것이 학생들의 성취도를 향상시킬 수 있다고 기대할 때, 그들이 새로운 교수법을 성공적으로 실천할 수 있다고 믿을 때, 그리고 그로부터 그들 스스로 중시하는 보상-예컨대, 직무만족과 인정 등-을 얻을 수 있을 것이라고 기대할 때 이를 시도하기 위한 개인적 노력을 쏟게 될 것이다. 이러한 변화가 유의미한 변화이며 그들의 변화노력에 대한 헌신을 이끌어낼 수 있다.

사람들이 부여하는 변화의 유의미성(meaningfulness)은 또한 연속성(continuity), 연계성(connection), 일관성(coherence) 등을 중요한 요소로 한다. 사람들이 새로운 것에 대하여 의미를 부여하고 판단을 내릴 때의 기준은 이미 그들의 의식 속에 형성되어 있으며 지금까지 사용해 온 것들이다. 그들이 새로운 의미를 부여한다는 것은 기존의 신념체계, 가치체계 속에서 새로운 것의 좌표를 설정하는 것이다. 기존의 체계와 전혀 연계성 및 연속성이 없는 그리하여 어디에 그것을 정치(定置)해야 할지 알 수 없고 기존의 것과 어떻게 연관지어야 할지 알 수 없는 변화는 사람들의 의미부여를 어렵게 한다. 또한 자신이 가지고 있던 가치, 신념체계와 상충되어 그것을 받아들이기 위해서 기존의 체계를 부정하지 않으면 안 되는 그러한 변화는 그에 대한 의미부여를 거쳐 이를 수용하는 데 상당한 어려움을 겪게 된다. 이러한 변화는 결국 유의미성을 부여받지 못하고 무의미한 것으로 판단되어 수용되지 못하게 될 가능성이 상대적으로 높다.

교사들이 자신의 현실에 대하여 부여하는 의미(meaning)에는 인지적 요소뿐만 아니라 정서적인 요소가 포함된다. 즉 의미는 이해(understanding)와 애착(attachment)으로 구성된다. 사람들은 자신이 가치를 부여하는 대상에 대하여 감정적인 애착(attachment)을 지니게 되며 그러한 가치가 존중되고 지지되면 기쁨과 승리감을 느끼고 그러한 가치가 무시되고 손상되면 마음을 상하게 된다(Evans, 1996). 교사들은 특히 학생들과의 인간적인 관계를 가장 중시한다. 교사가 가장 성취감을 느끼는 때는 학생들에게 자신이 도움을 주어 학생의 발전이 이루어지고 그러한 노력이 학생들로부터 인정받았을 때이며, 자신의 권위를 인정해주는 자도 학생이다. 교사의 실패도 역시 학생의 실패와 연관되어 있다. 교사의 학생에 대한 애착은 따라서 교직이 갖는 대표적인 정서적인 측면이며 교사들의 주관적 현실 속에서 성공과 실패를 결정짓는 핵심적인 요소가 된다.

교사들의 정서적 특징 중에 완성감의 결여(lack of sense of completion)와 그에 따른 죄책감(guilt) 등이 있다. 교사들은 자신이 학생들에게 자기가 할 수 있는 만큼, 최선을 다해 가르치고 있다는 느낌이 들기 전에는 스스로 만족할 수가 없다. 학생을 돌보고 가르치는 일 자체가 그 완성시점을 알 수 없는 무한한 책임을 요구할뿐더러 개혁 메커니즘에 의해 부과되는 과업들을 수행하기 위해 본연의 업무를 소홀히 할 수밖에 없는 상황을 겪으면서 이러한 미완성의 느낌(sense of unfinished work)은 더욱 강화되고 일종의 죄책감(sense of guilt)으로 나타나게 된다.

사람들이 변화에 대하여 갖는 불안감과 변화과정에서 경험하는 상실, 무능력, 혼란, 갈등에서 오는 스트레스 등은 모두 정서적인 것이며 변화에 대한 행동과 태도를 결정짓는 중요한 요소이다. 변화에 대한 저항은 주로 새로운 것을 실행하는 데서 오는 불확실성 및 불확실성이 가져오는 불안감에서 비롯된다. 자신이 기존에 해오던 것을 포기하여야 하는 데서 오는 상실(loss), 새로운 과제를 수행하는 데 요구되는 능력의 결여(incompetency), 새로운 상호작용과 관계형성에 따른 지위 변동에서 야기되는 갈등(conflict), 새로운 역할과 일하는 방식, 규정 등이 정착되기까지의 혼란(confusion) 등은 모두 이러한 불안감을 형성하는 요소들이다. 사람들이 가지고 있는 인식, 가치관, 믿음 등은 매우 개인적인 것으로서 그것을 바꾼다는 것은 지금까지 투자해 온 것의 상실을 의미한다. 지금까지 많은 투자를 들이고 삶의 방식 중 일부가 되어 왔던 한 부분을 버리고 새로운 것을 받아들이는 과정은 따라서 필연적으로 정서적인 반응을 가져오며 이성적, 인지적인 측면만으로는 설명되기 어려운 부분이다. 변화를 받아들이고 실천한다는 것은 이러한 상실감을 스스로 극복하고 새로운 것을 자신의 신념체계 속에 받아들이고 그에 대하여 새로운 의미부여, 즉 인지적 해석과 감정적 애착을 형성해 나가는 것을 의미한다.

교사 행동에 진정한 변화를 가져올 수 있는 것은 그 변화가 교사들에 대하여 가지는 유의미성(meaningfulness)이다. 이는 개혁 아이디어뿐만 아니라 개혁과정의 모든 단계-정책형성, 기획, 아이디어의 전파, 실행, 평가-에 연관된다. 교육변화는 교사들의 새로운 교육실천 방법 학습을 통해 이루어진다. 학생과 마찬가지로, 교사들은 의미 있는 학습경험을 가질 때 더 잘 배울 수 있다. 교사의 학습을 향상시키기 위해서는 새로 획득되는 지식과 행동패턴이 그들의 직무에 유용하여야 하고 그들의 성취가 인정되고 평가되어야 한다. 개혁을 실천하기 위해 필요한 것을 배우기 위해서 그들은 지속적인 지원,

주의 깊은 배려, 그들이 갖고 있는 종래의 신념과 행위에 대하여 생각하고 또 생각해 볼 수 있는 충분한 기회를 가져야 한다.

2) 認知模型(mental model)

사람들은 사물을 지각하고, 해석하고, 판단하는 인지적 작용이 일어나는 어떤 구조(structure), 즉 인지구조(cognitive structure)를 지니고 있다. 어떤 학자들은 이를 인지모형(mental model)이라고 지칭하여 사용한다.[7] 사람들은 특정한 인지모형을 통하여 객관적인 대상을 인식하고 그에 대한 해석을 하고 판단을 내리며 그에 따라 어떤 반응을 하게 된다. 이러한 인지모형은 사실에 관한 지식, 신념(가정), 태도, 가치, 선호, 정서들로 구성된 복합적 총체이다. 다시 말하면, 그것은 세상이 돌아가는 이치에 대하여 우리들이 내면 깊이 가지고 있는 내적 이미지로서 우리의 사고와 행동양식을 형성하거나 또는 제약하게 된다(Senge, 1994).

인지모형은 사람에 따라 차이를 보이며 서로 다른 집단 간에도 차이를 보인다. 특정한 인지모형이 형성되는 데 영향을 미치는 것은 개인의 인성과 과거의 경험, 그리고 문화적 신념체계이다. 사람들은 어떤 경험을 거치는 과정에서 자기의 현실 속에서 그것의 의미를 찾고 가치판단을 내리며 그 경험대상에 대한 이미지와 태도를 형성하게

---

7) Senge(1994)는 mental model이라는 용어를, Gardener는 mental representation, Argyris(1982)는 theories in use라는 표현을 사용하고 있는데 이들의 의미하는 바는 동일하다고 볼 수 있다.

된다. 그러한 주관적인 인지작용은 물론 개인이 지니고 있는 심리적 특성－욕구, 심리적 특질, 선호도 등－에 의하여 영향을 받게 된다. 또한 개인은 자신이 속해 있는 집단이 가지고 있는 문화로부터 자유롭지 못하다. 사람들은 자신이 직접 체험하지 못한 대상에 대해서도 어떤 가치를 부여하고 가정을 내리며 태도를 형성하고 있는데 이는 2차적 경험을 통하여 문화적 신념체계를 학습한 결과라고 볼 수 있다.

사람들이 가지고 있는 인지모형의 상이성과 공통성은 따라서 이러한 세 가지 요인에 의하여 설명할 수 있다. 공통된 경험을 가진 사람들은 그 대상에 대하여 유사한 이미지나 태도를 형성하고 있을 가능성이 높다. 실패한 교육개혁을 지속적으로 경험한 교사들 간에는 교육개혁에 대한 부정적 태도를 공유하고 있을 가능성이 높다. 반대로 성공의 경험이 많은 교사들로부터는 변화에 대한 긍정적 태도를 기대할 수 있을 것이다. 한 집단에서 오랫동안 같이 지내온 구성원들 간에는 공유하고 있는 생각, 가치관, 태도, 정서 등이 있다. 이는 구성원들이 집단 속에서 같은 경험을 공유하고 있기 때문이기도 하지만 또한 집단이 가지고 있는 조직문화, 즉 추구하는 목적과 가치관, 집단규범, 업무방식, 행동양식 등을 학습한 결과이기도 하다. 한편, 집단들이 같은 대상에 대하여 서로 다른 인식과 태도를 보이는 것은 각 집단의 구성원들이 서로 다른 인지모형을 공유하고 있기 때문이다. 인지인류학자들(cognitive anthropologists)은 한 집단이 공유하고 있는 인지모형을 문화모형(cultural model)이라고 부른다(D'Andrade, 1994; Strauss & Quinn, 1997; Shore, 1996).

인지모형은 오랜 경험의 누적을 통해 형성된 만큼 쉽게 바뀌지 않으며 안정성을 지닌다. 그러나 본질적으로 불변인 것은 아니다. 새로운 경험은 새로운 인지모형 형성의 계기가 된다. 새로운 경험 중에는 기존의 인지모형으로는 해석이 되지 않는 것이 있을 수 있다. 예컨대, 한국에서 미국으로 이민을 간 사람에게는 그 사회에서 겪는 새로운 현실이 한국사회에서 자기가 형성해 온 인지모형으로는 의미 있게 해석이 되지 않을 수도 있다. 이러한 경우, 기존의 인지모형은 수정이 되거나 폐기될 수 있다. 그는 한국적 사고방식을 버리고 미국인의 것을 빨리 받아들이려는 노력을 할지 모른다. 즉 사람들이 구축(construct)해 온 인지모형은 자신이 놓여 있는 현실의 문제들을 가장 효율적으로 해결해 주고 자신이 맺고 있는 관계에 타당성과 안정성을 부여하는 개념적 틀이자 신념체계로서 의미를 지닌다. 기존의 인지모형이 더 이상 이러한 기능을 할 수 없다면 그 효용성에 문제가 제기되며 사람들은 그것을 수정하거나 경우에 따라서는 이를 폐기하고 새로운 모형을 받아들이게 될 것이다. 이것은 마치 하나의 체제가 외부환경의 변화로 인해 균형을 잃었다가 내적 적응과정을 통해 다시 균형을 찾아가는 과정에 비유할 수 있다. 인지모형의 변화는 인간의 외부환경과의 상호작용, 즉 '경험'을 통해 설명할 수 있다.

사람들은 자신의 인지모형 속에서 자기가 믿고 있는 것이 진실이며, 그 진실은 명확하고, 그 진실들은 증거에 기초하고 있으며, 그 증거들은 정확한 자료에 입각하고 있다고 믿는다(Senge, 1994). 인지모형은 우리의 일상 속에서 자동적으로 작용하는 것으로서 우리는 그것을 의식하지 않는다. 그것은 컴퓨터를 켜면 자동으로 실행되는 운영체제(operating system) – 예컨대, windows나 dos – 같은 것이다. 우리는 보통 스스로의 인지모형이 타당한가를 검증하지 않는다. 왜냐하면 그것은 우리들에게는 무의식적으로, 암묵적으로 작용하는 너무나 당연한 가정들로 구성되어 있기 때문이다.

우리는 인지모형을 통해 인식 대상을 선별한다. 즉 외부의 자극은 아무런 여과 없이 우리의 인식 대상이 되는 것이 아니라 우리가 가진 인지모형에 의해 걸러지는 것이다. 우리가 가진 관심, 욕구 등에 따라 우리가 인식하는 대상도 선정된다. 같은 공간에서 동일한 대상을 경험한 사람들이 서로 다른 측면에 대하여 이야기하는 것은 각자 자기가 관심 있는 부분에만 주의를 기울이기 때문이다. 그러나 이러한 선택작용 역시 우리가 인식하지 못하는 사이에 일어난다. 우리는 인지모형을 통해 세상을 들여다보고 자신의 주관적 현실을 구축하지만 그것은 우리가 의식하지 못하는 사이에 자연스럽게 자동적으로 일어나는 현상이다.

교사들의 자신의 현실에 대한 의미부여는 결국 그들이 가진 인지모형을 통하여 이루어지는 것이다. 교사들은 그들의 일과 직장에 대하여 어떤 공통된 인지모형, 즉 문화모형(cultural model)을 공유하고 있다. 그것은 그들이 교사로서 갖는 공통의 경험과 학교라는 조직이 가지는 특수한 문화의 영향을 받아 형성된 것이다. 그들이 갖는 경험은 그들이 놓여 있는 상황(context)과 떼어 놓고 생각할 수 없다. 교사들이 놓여 있는 제도적, 사회적, 조직적, 물리적, 심리적 환경은 교사들이 경험하는 현실의 중요한 부분이 된다. 사람들이 형성하는 인지모형은 결국 그들이 놓여 있는 상황(context)을 반영하는 것이다. 따라서 다른 사람의 인지모형을 이해하기 위해서는 그 사람이 놓여 있는 상황을 먼저 이해할 필요가 있다.

학자들은 인지모형이 특정 대상에 대하여 반영 또는 표출(representation)된 것을 스키마(schema)라고 부른다(D'Andrade, 1994, Shore, 1996).[8]

즉 두뇌 속에 존재하는 인지구조가 특정 대상에 반응하여 나타나는 것이 스키마이며 사람들이 내보이는 스키마를 통해 그 사람의 인지구조 즉 인지모형을 추정할 수 있다고 보는 것이다. 스키마들은 아주 추상적이고 근본적인 것으로부터 세부적이고 구체적인 내용까지 여러 수준으로 구성되는데 전자를 '근본적 스키마(foundational schema)'라고 부른다(Shore, 1996). 집단 구성원들이 공유하고 있는 스키마를 인지인류학자들은 문화적 스키마(cultural schema)라고 부른다. 예컨대, 한국 사람들이 공유하고 있는 교육에 대한 높은 열의의 배경이 되는 "좋은 대학을 나와야 사회에서 성공할 수 있다"는 믿음은 일종의 근본적 스키마(foundational schema)라고 할 수 있다. 그에서 비롯되는 과외에 대한 스키마, 학교선택에 대한 스키마, 전공선택에 대한 스키마 등은 이러한 근본적 스키마에서 파생되는 하위 스키마들이다. 이러한 문화적 스키마의 체제를 이해함으로써 그 집단이 가진 인지모형(mental model) 즉 문화모형(cultural model)을 이해할 수 있다.

우리 교사들이 가지고 있는 문화모형은 어떠한가? 이를 이해하는 것은 교사들이 어떻게 자신들의 현실을 인식, 해석하고 그에 반응하는가를 이해하는 것이다. 교사집단이 가진 공통의 문화모형을 파악하는 것도 중요하나 집단 간에 나타나는 문화모형의 상이성을 이해하는 것도 중요한 일이다. 교장과 교사와의 차이, 경력 교사와 신임교사 간의 차이, 대도시 학교와 농촌 학교 간의 차이, 부유층 지역과 빈곤층 지역 간의 차이, 서로 다른 과목을 담당하는 교사 간의 차이, 남교사와 여교사 간의 차이 등 실제로 관찰될 수 있는 유의미한 차이들이 있으

---

8) schema에 대한 적절한 번역이 어려워 원어를 그대로 사용함

며 교육변화에 있어서도 충분히 고려되어야 하는 요인이 된다.

교육변화의 최종적인 단계는 신념의 변화로서 이는 교사들의 인지모형의 변화를 의미한다. 그들이 가지고 있던 교육활동에 관한 기본 가정들을 바꾸는 것이다. 그것은 일부에 대한 수정이 될 수도 있고 보다 근본적이고 심층적인 수준의 변화가 될 수도 있다. 그 일은 결국 교사들이 자신의 일과 관련된 스키마를 변화시키는 일이라고도 할 수 있다. 기존의 스키마들은 교사들의 오랜 교육훈련과 실제경험을 통해 형성되어 온 것이다. 이를 바꾸는 일은 따라서 좀처럼 용이하지 않으며 새로운 경험을 통한 새로운 스키마의 형성을 필요로 한다. 여기에는 새로운 경험의 기회와 그 경험을 자기의 것으로 소화하여 새로운 의미를 부여하고 새로운 신념을 얻게 되는 일련의 학습과정 및 그에 소요되는 시간의 확보가 요구된다. 이러한 신념의 단계에 이르지 못한 변화, 즉 형식이나 절차, 기술, 자료의 도입과 같은 가시적인 수준에 그치는 변화는 교사들 자신의 인지모형 속에 확고하게 자리를 잡지 못하여 내재적 동기에 의한 의미 있는 변화로 받아들여지지 않음으로써 그 자생력을 상실하게 되고 결과적으로 변화는 피상적인 수준에 머물고 본질은 바뀌지 않는 것이다.

3) 학습은 어떻게 이루어지는가?

미국 연방교육성의 후원으로 국가학술연구평의회(National Research Council)가 1996년에 발간한 'How people learn'이란 책이 있다.[9] 이 책에 의하면 좋은 학습이란 1) 학습자가 이미 가지고 있는 세상에 대한 관념(preconceptions of how world works)에 기초하여 이루어지며, 2) 사실적인 지식의 깊은 토대와 견실한 개념적 틀이 그 바탕이 되고, 3) 학습자 스스로가 자신의 학습을 되돌아보고 이를 조절해 나갈 수 있는 능력을 지니고 있는가와 연관되어 있다고 한다. 학습자, 특히 성인학습자에게 있어 그들이 이미 가지고 있는 지식과 개념, 그리고 가치와 믿음들은 새로운 것을 학습하는 데 있어 그 바탕이 된다. 새로운 학습경험은 그들이 가지고 있는 인지모형에 의해서 의미 있는 것으로 받아들여질 때 학습이 촉진될 수 있다. 학습자들은 빈 그릇(empty vessel)이 아니다. 학습은 학습자들이 이미 가지고 있는 언어능력, 개념들, 경험, 신념체제를 통해서 이루어진다.

이러한 관점에서 볼 때, 새로운 학습경험이 학습자에게 유의미하기 위해서는 그것이 현재 그들이 가지고 있는 인지모형과 연속성 및 연계성을 지닌 것이어야 한다. 지금까지 학습자들이 가지고 있는 인식, 가치, 신념들과의 연관성을 유지하며 그 의미부여가 이루어질 수 있어야 한다. 이러한 연속성과 연계성을 결여하는 학습경험은 학습자의 내재적 동기와 열망에 의해 촉진되기 어려우며 학습의 효과를 거두기 어렵다. 때로는 새로운 것을 받아들인다는 것은 지금까지 해 온 것을 버리는 것을 의미한다. 학습(learning)이 이루어지기 위해서는 반(反)학습(unlearning)이 먼저 이루어져야 하는 경우도 있다.[10] 새로운 경험에 의한 학습이 이루어지면 학습자의 기존의 인지모형을

---

9) 이 책은 National Research Council이 미국 내 각 학문분야의 우수학자들이 참여한 "학습·연구 및 교육실천위원회"를 통하여 수행한 연구결과를 정리하여 발간한 것으로서 미 연방교육성의 후원으로 이루어졌다.
10) 반(反)학습(unlearning)이란 이미 배운 것을 버리는 것을 의미한다.

강화, 수정 또는 폐기시키는 결과를 가져올 수 있다. 교사의 행동변화는 학습에 의하여 이루어진다. 그것은 새로운 일하는 방식을 습득하는 것이며 과거의 것을 버리고 새로운 방식을 익히고 그것에 의미를 부여하는 것이다. 따라서 그러한 새로운 학습은 그들의 현실과 연계되고 연속성을 유지할 때 더욱 촉진될 수 있는 것이다.

학습이 학습자가 가진 인지모형 속에서 의미부여를 통해 이루어진다는 생각은 구성주의(constructivist) 학습이론의 기본 가정이다. 이는 행태론적(behaviorist) 학습이론 또는 Freire(1997)가 비판하는 '은행저금식 교육(banking concept of education)'과 대립되는 입장이다.[11] 후자는 학습자를 수동적으로 외부의 자극을 받아들이는 존재로 본다. 즉 인간의 두뇌는 빈 그릇과 같아서 학습을 한다는 것은 빈 그릇을 채우는 것과 같다는 것이다. 인간은 어떤 자극을 받으면 그에 따른 반응을 하고 따라서 인간에게 어떤 자극을 부여함으로써 의도하는 행동의 변화를 가져올 수 있다는 기본 가정이 깔려 있다. 결국 학습자인 인간의 수동성이 전제되고 이러한 학습이론에 의하면 인간행동의 의도적인 통제가 가능하다는 논리가 성립될 수 있는 것이다.

이와 반대로 구성주의(constructivist) 학습이론에 의하면 학습은 학습자인 인간이 능동적으로 학습경험을 받아들여 나름대로 해석하고 거기에 의미를 부여함으로써 이루어진다는 것이다. 즉 학습자는 수동적으로 외부의 자극을 받아들이는 것이 아니라 능동적으로 학습경

---

11) banking concept of education이란 문제제기식 교육과 대비되는 개념으로 "교사가 모든 지식을 소유하고 있고 학생은 교사가 일방적으로 제공하는 지식을 수동적으로 받아들여 은행에 저금하듯이 머릿속에 쌓아 놓으며 필요할 때 꺼내어 그대로 적용"하는 방식의 교육을 말한다.

험을 선택하며 학습활동의 주체가 된다는 것이다. 따라서 학습자에 대한 의미 있는 학습경험의 부여가 중요시되며 학습활동을 촉진시키기 위한 여건을 마련하고 도움을 줄지언정 인간행동을 의도적으로 통제하려는 의도는 갖지 않는다. 학습은 학습자의 성장을 돕고 그가 가지고 있는 잠재력을 발휘토록 하는 일이지 인간을 수단화하여 그의 행동을 도구화하려는 목적은 애초부터 갖지 않게 된다. 즉 구성주의와 행태주의는 인간을 바라보는 관점 자체부터 다른 철학적 바탕을 지니며 학습에 대하여도 상반된 입장과 접근법을 택하게 된다. 그렇다면 교사의 학습에 대하여 우리는 어떤 입장을 택할 것인가? 이는 궁극적으로 이 책이 가지고 있는 근본적인 질문이며 이 책은 그 답을 찾아나가는 과정이라고 할 수 있다.

2. 변화의 수용과 전파

교육변화란 학교의 교사들이 변화의 요구와 과제를 의미 있게 수용하여 학습하고 실천함으로써 나타나는 교사 행동의 변화를 통해 이루어진다. 물론 이러한 변화는 학생의 변화를 가져올 것을 전제한다. 조직 내의 사람들은 어떻게 변화를 받아들이는가? 변화를 수용하는 데 작용하는 요인은 무엇이며 변화에 저항하도록 하는 요인은 무엇인가? 사람들의 변화에 대한 의미부여(meaning-making)는 구체적으로 어떻게 일어나며 어떤 요소들에 의해 영향을 받는가? Rogers(1995)는 변화의 다섯 가지 속성으로 1) 상대적 이익(relative advantage),

2) 일치성(compatibility), 3) 복잡성(complexity), 4) 시도가능성(triala-bility), 5) 관찰가능성(observability) 등을 들고 있다. 이들은 변화의 수용여부를 판단하는 기준이 되며 다시 네 가지의 상황요인 즉 1) 의사결정 형태, 2) 의사소통 채널, 3) 집단의 사회적 규범, 4) 혁신의 전파를 위한 노력 등에 의해 영향을 받는다고 한다.

□ 상대적 이익(relative advantage)

이는 변화를 채택하였을 때 그러지 않았을 때와 비교하여 상대적으로 기대되는 이익을 의미한다. 사람들은 경제적 이익을 기대할 수도 있고, 남으로부터 인정과 존경을 받고 사회적 지위를 확보하려는 사회적 이익, 기타 개인적으로 중시하는 보상 등의 관점에서 변화가 가져다줄 이득 등을 고려한다. 동시에 사람들은 변화의 비용 즉 변화로 인한 손실을 고려한다. Rogers(1995)는 상대적 이익 고려에 주로 포함되는 요소들로 경제적 이익의 정도, 변화 초기에 드는 비용, 불편함의 완화 정도, 사회적 위신, 시간과 노력의 절감, 보상의 신속성 등을 들고 있다. 사람들은 자신이 어떤 변화를 선택하기 전에 이러한 이익과 손실을 비교하여 의사결정을 하게 된다. 물론 어느 요소에 더 비중을 두고 어떤 기준으로 측정을 하는가는 사람에 따라 다를 것이다. 그 판단은 본질적으로 개인적이며 주관적인 것이기 때문이다.

□ 일치성(compatibility)

이는 새로운 변화가 자신이 지금까지 지녀온 신념, 가치, 경험, 욕구들과 얼마나 부합되는가에 대한 것이다. 즉 변화를 받아들이는 데 있어 그것이 자신의 인지모형 속에서 연속성과 연계성을 지닐 때 그에 대한 의미부여가 용이하고 그 변화를 받아들이기가 쉬워진다는 것이다. 일치성이 높을 경우 사람들이 그것을 받아들일 때 보다 예측가능하고 안전하다고 느끼며, 그들이 놓인 현실과 의미 있게 연관되어 있어 변화에의 내재적 동기를 유발할 수 있는 가능성이 그만큼 높게 된다. Dewey(1916)는 이를 '내재적 연속성(intrinsic continuity)'이라고 부른다. 기존의 관념적 틀 속에서 새로운 것에 대한 의미를 부여한다는 것은 기존의 지식과 신념 체계 속에 새로운 것의 좌표를 설정하여 자리매김하는 것이다.

❏ 복잡성(complexity)

변화과제가 복잡할수록 수용되기 어렵고 수용 속도도 느리다. 변화의 아이디어가 분명하지 않거나 그 내용이 너무 복잡하여 구성요소 간의 연관성이 잘 파악되지 않을 때 사람들은 변화의 채택을 망설이게 된다. 불분명하다는 것은 그만큼 불확실하다는 것을 의미하며 불확실성은 변화에 따른 위험으로 받아들여진다. 불분명한 것은 또한 그에 대한 잘못된 인식을 초래하여 잘못된 판단에 기초한 변화의 수용 또는 거부가 일어나게 할 수 있다. 수용하지 말아야 할 변화를 수용하는 경우를 Rogers는 과잉수용(overadoption)이라 부르는데 이는 주로 변화에 대한 불완전한 지식과 정보에 기인하는 것이다. 복잡한 변화과제는 또한 그것을 실천하는 데 있어서 문제를 나타낸다. 실천하는 방법에 대한 분명한 지식(how-to knowledge)이 결여되기 쉽고 또한 방법이 제시되어도 실행하는 것 자체가 용이하지 않을 수 있기 때문이다. 변화 과제의 복잡성은 목적과 방법에 있어 명확성을 결여할 가능성이 높고 이는 결국 변화에 대한 불안, 변화로 인한 혼란, 좌절 등을 야기하여 변화에 대한 반발을 키우고 변화 동기를 위축시킬 수 있다.

☐ 시도가능성(trialability)

이것은 변화를 부분적, 제한적으로 사전에 실험해 볼 수 있는 가능성을 의미한다. 변화수용의 걸림돌이 되는 중요한 요인 중의 하나는 변화수용이 가져올 결과의 불확실성이므로, 실험적인 단계를 거쳐 그 결과를 미리 예측할 수 있다면 변화수용이 촉진될 수 있다는 것이다. 시범학교나 실험학교를 통한 교육변화의 실험은 이러한 면에서 어느 정도 효과를 나타낼 수 있을 것이다.

☐ 관찰가능성(observability)

이는 변화를 시도했을 때 그 과정과 결과를 얼마나 용이하게 관찰할 수 있는가에 관한 것이다. 변화의 과정과 결과가 가시적이어서 관찰가능하다면 그것을 지켜보는 사람들에게 보다 높은 확실성을 제공하여 변화 수용에 대한 결정을 쉽게 한다는 것이다. 이러한 면에서 어려움을 지니는 변화 중에 '예방적 혁신(preventive innovation)'이라는 것이 있다. 이는 그 변화 과정이 느리게 진행되고 그 결과가 먼 장래에 나타나기 때문에 변화수용 시점에서 그것을 예측하기가 쉽지 않다는 것이다. 예컨대, 담배를 끊는 일 같은 것이다. 반대로

'점진적 혁신(incremental innovation)'은 변화가 단계별로 이루어지고 결과에 대한 단계별 측정이 가능하기 때문에 결과를 관찰하기 쉽고 수용결정에 도움을 주게 된다.

3. 변화의 과정

Rogers(1995)는 혁신이 이루어지는 과정을 지식(knowledge) – 설득 (persuasion) – 결정(decision) – 실행(implementation) – 확인 (conformation)의 5단계로 설명하고 있다.

□ 지식(knowledge)

이는 사람들이 변화의 요구 및 변화과제에 대한 정보를 습득하고 내용을 파악하는 단계이다. Rogers에 의하면 변화에 관련된 지식의 종류에는 사실적 지식(awareness knowledge), 방법적 지식(how – to knowledge), 원리적 지식(principles knowledge) 세 가지가 있다. 사실적 지식은 새로운 변화에 관련된 사실(fact)에 관한 지식 즉, 사실인식에 대한 것이다. 방법적 지식은 새로운 실천 방법에 관한 실천적 지식이며, 원리적 지식은 새로운 아이디어나 방법의 배경이 되는 근본원리나 근거에 관한 지식이다. 이러한 다양한 종류의 지식은 변화과정의 각 단계에서 그 효용성을 발휘하게 된다. 여기서 문제가 될 수 있는 것은 변화를 요구하는 개혁주도자나 전문가가 변화를 위해 필요하다고 생각하는 지식과 현장에서 일하는 사람이 현실적으로 필요를 느끼는 지식이 서로 다를 수 있다는 것이다. 예컨대, 어떤 혁신의 아이디어가 학자나 전문가로부터 비롯되었을 때 그들이 주로 전파하는 지식은 이론중심적인 반면에 현장의 교사들은 보다 구체적이고 실천적인 수준의 지식을 요구하는 것이다.

또한, 사람들이 지니고 있는 인지모형은 외부로부터 정보를 받아들이는 데 있어 일종의 선별(selection) 기능을 수행한다. 사람들의 욕구와 관심은 자신들이 필요로 하는 정보부터 우선적으로 받아들이며 더 큰 비중을 두도록 하는 여과 작용을 한다. 동일한 경험을 하면서도 사람들이 받아들이는 지식의 종류와 깊이는 이런 이유로 다를 수 있다. 사람들은 사실인식에서부터 차이점을 보이게 되는데 사실인식이 어떻게 이루어지는가에 따라 후속 변화과정의 방향이 좌우되기 때문에 이는 매우 중요한 문제라고 할 수 있다.

혁신 아이디어의 원천이 어디인가 하는 문제도 매우 중요한 문제이다. 그 아이디어가 교육현장과는 관계없는 외부로부터 형성되어 학교에 전달된 외생적인(exogenous) 것인가 아니면 교육현장의 필요로부터 시작되어 형성된 내생적인(endogenous) 것인가의 문제는 그 지식이 현장에서 변화를 실천할 교사들에게 어떤 의미를 가질 수 있는가와 관련된다. 일반적으로 외생적인 아이디어보다는 내생적인 아이디어가 구성원들에게는 보다 용이하게 받아들여질 수 있는 가능성을 지닌다고 볼 수 있다.

특히 외생적인 변화요구 및 아이디어가 주도하는 변화의 과정에서 교사들의 불충분한 지식은 변화의 내용과 실천을 왜곡시킬 수 있다. 사실적 지식이 불충분한 경우에는 변화에 대한 잘못된 판단으로 인해 잘못된 태도를 형성하고 잘못된 결정을 내리도록 할 수 있다. 과잉수용(overadoption)이 나타날 수도 있고 반대로 지나친 저항이 나타날 수도 있다. 사실적인 지식이 충분하여도 방법적 지식이 불충분하면 변화의 실천과정에서 문제가 발생할 수 있으며, 사실적, 방법적 지식이 모두 충분하다고 해도 원리적 지식이 부족하거나 결여된 경우 외부로부터 도입된 아이디어와 방법의 근본원리와 성공 가능한 토양조건 등에 대한 이해가 없이 적용됨으로써 본질보다는 형식을 따르는 데 급급하거나 다양한 상황에서의 응용이 어렵고 현실여건에 맞지 않아 중도에 실행 포기 또는 내용을 왜곡 변형하는 결과를 초래할 가능성이 많다.

☐ 설득(persuasion)

이 단계는 사실인식에 바탕을 두고 변화과제에 대한 의미부여가 이루어지는 단계로서 교육변화의 의미에 대한 설명에서 자세히 논의된 바 있다. 이 단계에서는 인지적 작용뿐만 아니라 정서적 작용이 이루어진다. 이 과정이 이루어지는 기초가 되는 것은 사람들의 욕구, 가치관, 신념체계, 기대 등이며 그들로 구성된 인지모형은 그 인지적, 정서적 작용이 이루어지는 내적 장치이다. 사람들은 새로운 변화가 자기에게 가져다줄 의미, 즉 이익과 손실을 비교하여 그에 대한 판단을 내리게 되는데 이는 곧 변화과제에 대한 자신의 태도를 형성하는 과정이다. 즉 설득 단계는 '태도형성' 단계라고도 할 수 있다.

사람들은 자신이 내린 판단에 대하여 자신이 없을 수도 있다. 이 경우에는 불확실성을 줄이기 위하여 다른 사람들의 의견을 구하거나 다른 신뢰도 높은 근거를 통해 자기 판단의 타당성을 확인하려고 한다. 교사들의 경우 주로 어떤 토대에 근거하여 이를 확인하는가를 파악하는 것은 개혁을 주도하는 행정가에게 중요한 문제이다. 교사들은 누구에게 의견을 묻는가? 누구의 의견을 가장 권위 있게 받아들이고 신뢰하는가? 개혁을 주도하는 교육행정가들은 교사들에게 얼마나 신뢰를 얻고 있는가?

Rogers는 지식 - 태도 - 실천 간에 불일치(KAP gap)가 나타날 수 있다고 한다. 다음 표는 이러한 경우를 정리한 것이다.

	지식(knowledge)	태도(attitude)	실천(practice)	결과 / 대응
가	충분	긍정적	실행	정상적 수용
나	충분	긍정적	미실행	cue - to - action
다	충분	부정적	실행	타협, 형식적 수용
라	충분	부정적	미실행	변화거부
마	불충분	긍정적	실행	과잉수용(overadoption)
바	불충분	긍정적	미실행	과잉수용 가능성
사	불충분	부정적	실행	왜곡된 변화수용
아	불충분	부정적	미실행	변화에 대한 무지 / 무관심

변화과제에 대한 지식이 충분하고 태도도 긍정적이며 이를 실천하는 경우는 정상적으로 변화를 수용한 가장 이상적인 경우(가의 경우)이나, 그렇지 않은 경우도 다양한 이유에서 발생할 수 있다. 지식도 있고 태도도 긍정적이나 행동으로 옮기지 않는 경우(나의 경우)도 있을 수 있다. 이 경우에는 행동으로 옮기기 위한 자극을 줄 수 있는 계기(cue - to - action)의 마련이 효과적이다. (다)의 경우에는 마지못해 변화과제를 실천하는 경우로서 내재적 동기에 의한 것이 아

니라 상황적 압력에 의한 것이다. 이 경우에는 현실적으로 적정선에서 타협하여 실천하고 최선의 노력을 다하지 않을 가능성이 있으며 형식적인 실천이 이루어질 여지가 있다. (라)의 경우는 변화에 대한 전형적인 거부 행태로서 이는 정확한 사실에 입각하여 자신의 주체적인 판단에 의해 변화를 거부한 것이다.

(마)의 경우는 사실에 대한 정확한 지식 없이 판단이 이루어지고 변화를 받아들이는 것으로 과잉수용의 현상이다. (바)는 아직 행동이 이루어지지는 않았지만 과잉수용의 가능성이 잠재하고 있으며, (사)는 정확한 지식이나 내재적 동기도 없이 어쩔 수 없이 행동을 하고 있는 것으로 제대로 된 실천이 될 수 없고 그 내용 자체가 변질 왜곡될 가능성이 높게 된다. (아)는 아예 변화과제에 대한 관심도 없고 받아들일 마음의 태세도 되어 있지 않은 무지 / 무관심의 상태이다.

이상에서 볼 때 중요한 것은 태도가 긍정적이라고 해서 언제나 제대로 된 변화가 이루어지는 것은 아니며 그것이 정확한 지식에 기초하여 이루어진 것이어야 함을 알 수 있다. 우리 교육개혁 현장에서도 이러한 다양한 현상을 볼 수 있는데 가장 문제가 되는 것은 (다)의 경우라고 생각된다. 많은 교사들이 부과된 개혁과제를 수행하면서도 그러한 과제에 대하여 또는 그것이 이루어지는 방식이나 실행 여건에 대하여 부정적인 태도를 지니고 있는 경우가 많다. 이러한 현상이 학교에서 흔히 지적되는 형식주의와 밀접하게 연관되어 있음은 이 글이 입증하고자 하는 중요한 문제 중의 하나이다.

개혁을 주도하는 행정가들은 추진하고 있는 개혁과제가 어떤 상태에 놓여 있는지를 진단할 때 이 모형을 적용해 볼 수 있을 것이다. 개혁실행 과정에 있는 교육현장에 대한 접근은 이러한 진단을 토대로 하여 그에 적합한 대응책을 모색할 필요가 있다. 현상에 맞지 않는 부적절한 대응은 오히려 문제를 악화시킬 가능성이 높다. 예컨대, 지식이 불충분한 사람들에게는 보다 많은 지식 습득의 기회가 주어져야 하며, 이미 지식이 충분한 자들에게 계속 연수를 시키는 것은 시간의 낭비가 되고 연수에 대한 사람들의 부정적인 인식을 가져다 줄 수 있다. 지식이 불충분한 사람들의 태도가 부정적이라고 비난하는 것은 초점이 맞지 않는 것이다. 먼저 태도형성에 근거가 되는 지식이 선행되어야 하기 때문이다.

☐ 결정(decision)

이는 사실인식과 태도형성을 바탕으로 변화과제 실천 여부에 대한 결정을 내리는 단계이다. 현실적으로 결정을 내리는 데 도움이 되는 것은 자신의 결정이 가져올 결과의 불확실성을 해소하기 위한 방법들이며 이 경우 부분적, 제한적 실험 적용을 통한 결과의 예측이 가능하다면 결정을 내리는 데 도움이 된다. 또한 유사한 선례가 있다면 도움이 될 수도 있다. 실험학교나 시범학교 운영 사례 또는 다른 지역, 다른 학교에서의 사례 등은 교사들이 결정을 내리는 데 상당한 도움을 줄 수 있다. 그러나 자신의 학교 여건과 다른 학교의 여건 간에 중요한 차이가 있을 때는 학교 간 비교가 변화채택 결정에 별 도움을 주지 못할 수도 있다.

가장 자연스러운 변화의 과정은 지식-설득-결정의 순서를 밟는 것이나 현실적으로는 지식-결정-설득의 순서로 이루어지는 경우도 볼 수 있다. 즉 어떤 경우에는 조직의 구성원들이 개인적으로 변화

채택여부에 대한 결정을 내리기 전에 조직 자체가 변화 채택 결정을 내리고 구성원 개인들에게는 선택의 기회가 박탈되고 변화의 실천이 강요되는 사례가 발생한다. 하향식으로 이루어지는 개혁들은 대부분 이러한 순서를 밟게 된다. 위에서 내려온 개혁과제를 학교는 집단적으로 수용하며 그 안에 있는 교사들은 자기의사와 상관없이 부과된 과제를 수행하도록 사후에 설득된다.

이러한 시스템 속에서는 심지어 결정−지식−설득의 순서로 개혁이 추진되기도 한다. 먼저 학교가 수행하여야 할 개혁과제가 정해져 학교에 시달되고 그때부터 교사들은 그에 필요한 지식을 습득하도록 연수프로그램에 참여하게 된다. 태도형성은 교사들의 몫으로 남겨지나 위에 있는 개혁기획자들은 여기에는 크게 신경을 쓰지 않으며 태도형성 단계보다는 교사들이 결정된 대로 실천하는가의 여부에 더 많은 관심을 갖는다. 교사들에게는 태도형성에 필요한 시간이 충분히 주어지지 않는다. 교사에게는 자신들이 그 과제를 채택할 것인가에 대한 주체적인 판단이 아니라 그것을 실천하지 않으면 안 되는 자신의 현실에 대한 합리화가 요구된다. 이러한 경우 내재적 동기에 의한 긍정적 태도형성은 사실상 기대하기 힘들다. 아무리 좋은 내용의 변화라고 하더라도 그 결정이 자기 자신의 결정이 아니기 때문이다. 이 경우 오히려 부정적인 태도가 일찍부터 형성되어 그 뒤에 일어나는 지식 단계에까지 부정적인 영향을 미쳐 효과적인 학습이 이루어지는 것을 저해할 수 있다. 변화과정이 원래의 합리적인 순서대로 이루어진다는 것은 각 단계가 충실하게 이루어지기 위한 최소한의 필수요건이며 전 단계의 충실한 이행은 다음단계의 충실성에 다시 영향을 미치는 것이다.

□ 실행(implementation)

이 단계에서는 특히 방법적 지식(how-to knowledge)이 요구된다. 새로운 프로그램을 실천하는 현장의 교사들에게 중요한 것은 기술적 도움(technical assistance)이다. 일을 수행함에 있어서 구체적이고 현실적으로 발생하는 문제들을 해결하는 데 도움이 되는 일종의 문제해결(trouble shooting) 서비스와 같은 전문적, 기술적 도움이 필요한 것이다. 이미 유사한 경험이 있는 다른 학교의 교사들과의 의견교환 기회 부여 등은 실질적으로 도움이 될 수 있다. 이러한 기술적 지원이 원활하게 이루어지지 않을 경우 그 일을 수행하는 것 자체가 교사들에게 큰 부담이 될 뿐만 아니라 프로그램의 효과를 높이기 어렵게 되어 교사들의 실천 의지를 약화시킴으로써 결과적으로 변화의 동력(動力)이 저하될 수밖에 없다. 실행단계는 새로운 실천으로 정착되어 그러한 방법을 적용하는 데 있어 규칙성(regularity)과 명료성(clarity)이 확보될 때까지 지속된다고 볼 수 있다.

실행단계에서는 일반적으로 현장에 있는 사람들에 의한 재창조(reinvention)가 나타나게 된다. 사람들은 자신들이 놓여 있는 현실에 대한 주관적 인식에 입각하여 자신의 관점에서 새로운 프로그램을 해석하고 재정의(redefine)를 내리며 자신의 상황에 맞추어 새로운 버전을 만든다. 이러한 과정에서 변화과제의 실행이란 수동적으로 주어진 것을 받아들이는 것이 아니라 자신의 현실 조건과 역동적으로 상호작용하며 능동적으로 이루어내는 창조의 과정이다. 이는 곧 자신의 상황에 바탕을 두고 주어진 과제와 자신의 현실과의 연계성과 일관성을 찾기 위한 노력의 과정이라고도 할 수 있다. 이와 같이 변화과제의 실행은 본질적으로 현장의 여건에 따라 신축적으로 적용되고 맞춤화(customized)되는 대상이다. 따라서 고정된 획일적인 실행에 대한 기대와 그러한 기준의 적용, 또한 일탈 현상을 막기 위한 평가, 감독, 제재 등은 변화가 실천되는 현장의 여건을 고려하지 않는 비현실적인 접근방식의 특성이다.

재창조(reinvention)는 특히 변화의 아이디어와 실천방법이 복잡하고 이해하기 어려울 때, 정확한 지식을 바탕으로 한 이해가 부족할 때, 그리고 여러 가지 다양한 방법의 적용이 가능할 때 더욱 촉진된다. 그 목적과 내용이 구체적이고 명료하게 정의되고 구성되지 않은 프로그램의 경우 재창조(reinvention)의 여지는 더욱 커지게 될 것이다. 변화과제가 폭넓게 현장의 문제를 다루는 종합적인 과제가 될수록 현장에서의 재창조의 가능성은 높아지며 특히 현장 교사들이 자신의 업무 자체를 변화시켜야 하는 과제에 있어서 그들 자신의 주체의식에 바탕을 둔 긍지(local pride of ownership)는 매우 중요하다. 개혁을 의도하는 행정가들은 이와 같은 재창조의 중요성을 이해하고 그 주체가 되는 현장 교사들의 긍지와 주체의식을 격려하고 지원하여야 한다. 그것은 정해진 계획으로부터의 일탈이 아니라 변화과정의 본질이기 때문이다. 신축성(flexibility)은 성공적 변화를 위한 실행과정의 핵심요소가 되며, 이를 결여한 실행과정의 획일적 통제는 변화를 오히려 저해하고 변화의 동력을 떨어뜨리는 요소가 될 수 있다.

☐ 확인(confirmation)

사람들은 실행 결과를 바탕으로 자신의 결정이 옳은 결정이었는가의 여부를 확인하려고 한다. 자기가 기대했던 결과가 나타났는지 다른 부작용이나 부산물이 있었는지 등 결과를 확인하고 성과를 판단하게 된다. 결정과 실행이 자신의 의지에 의해 이루어진 것이라면 사람들은 당연히 자신의 결정을 지지해줄 수 있는 증거를 우선 찾게 될 것이다. 그러한 증거들로 인해 자신이 내린 결정의 타당성에 대한 확신을 높이게 되고 변화 수용 및 지속에 필요한 신념적 토대를 쌓게 되는 것이다.

한편, 자신의 결정을 지지하지 않거나 이에 상충되는 증거들이 나타나는 경우에는 자신의 변화 수용 결정을 재고하여 수정 또는 철회하게 되는 과정을 겪게 된다. 실행의 결과뿐만 아니라 실행과정에서의 비용, 즉 시간, 노력, 자원의 소모, 과제 수행 자체의 어려움, 변화로 인한 옛 것의 상실, 주변 여건 등은 모두 변화 노력을 지속할 것인가의 여부를 판단하는 데 영향을 미친다. 변화프로그램을 지속하지 않는 경우의 결정은 지금까지 시도했던 변화 프로그램을 보다 향상된 다른 프로그램으로 대체하거나 아예 변화 노력을 중단하고 원래의 상태로 되돌아가는 것이다.

Evans(1996)는 교육변화의 과정에 있어서 개혁주도자(change agent)들이 해야 할 역할에 대하여 다음과 같이 제시하고 있다.

▎불안 해소(Unfreezing): 불확실성(uncertainty)에서 명료함(clarity)으로

이는 변화를 시도하는 데서 오는 두려움이나 불안을 줄이고 변화를 시도하지 않는 데서 오는 두려움과 불안감을 증폭시키는 것이다. 변화지향의 지도자(transformational leader)가 할 역할 중의 하나는

현재상태의 문제점을 구성원들이 절실하게 느끼도록 하는 동시에 새로운 변화가 가져올 미래에 대한 기대와 희망을 갖게 하는 것이다. 변화의 필요성에 사람들이 눈을 뜨면서 굳게 닫혀 있던 마음을 열도록 하는 것이다. 이는 현실에 대한 사실적 지식의 습득과 연관되며 Rogers의 지식단계와 관계가 있다.

▌ 변화에의 의미부여(Make change meaningful): 상실(loss)에서
헌신(commitment)으로

이 단계는 사람들로 하여금 변화과제에 의미부여를 할 수 있도록 돕는 것으로서 변화프로그램이 보다 유용하고 가치 있으며 실행 가능한 것으로 인식될 수 있도록 하는 것이다. 이러한 의미부여 과정을 통해 사람들은 변화로부터 오는 상실과 불안에도 불구하고 변화에의 길을 선택하고 이에 헌신하게 될 수 있다는 것이다. 여기서 중요한 것은 사람들이 변화로부터 갖게 되는 상실감을 스스로 위로할 기회와 시간이 필요하다는 것이다. 이러한 의미부여 과정에서 중요한 요소는 연속성, 시간, 개인적 접촉 등이다. 이는 Rogers의 설득(태도형성) 단계와 관련된다.

▌ 새로운 신념, 행동, 사고방식의 개발: 새로운 역량(competence)의 구축

변화에의 새로운 신념, 행동, 사고방식은 변화의 조건이자 내용이며 동시에 변화의 목적이기도 하다. 이러한 변화는 지식과 태도형성 단계에서 작동하기 시작하여 실행 및 확인 과정을 거쳐 진행되는 것이다. 이러한 변화 실천 경험의 지속은 신념, 행동, 사고방식의 변화와 정착을 가능케 한다. 이러한 변화는 곧 새로운 상황에서의 교사

들의 업무수행능력을 구성하는 조건이다. 지도자는 교사들이 새로운 역량을 구축할 수 있도록 변화의 전 과정을 거쳐 세심한 지원을 제공하지 않으면 안 되며, 이러한 지원이 원활히 이루어지는가의 여부가 결국 변화 성공의 관건이 되는 것이다.

▌ 구조, 기능, 역할의 재정렬(Realignment): 혼란(confusion)에서 일관성(coherence)으로

변화의 과정은 혼란을 수반한다. 변화로 인한 업무체제의 변화, 역할의 변화, 지위의 변화, 권력관계 등의 변화는 기존의 질서를 무너뜨리고 새로운 질서를 가져오며 이러한 전환(transition) 과정은 필연적으로 혼란을 수반하게 된다. 사람들은 변화과정을 속히 마치고 질서 있고 안정된 새로운 균형(equilibrium) 상태를 향해 나아가려 한다. 혼란 상태에서 벗어나 모든 것이 일관되고 조화롭게 연관되고 그속에서 의미를 지니며 안전하고 예측 가능한 그러한 질서 있는 상태를 사람들은 추구한다. 개혁지도자는 변화가 일회성이 아니라 지속성을 가지고 유지될 수 있도록 조직의 구조, 기능, 역할 등을 재정렬하여 새로운 예측가능성과 규칙성을 부여할 필요가 있다.

▌ 변화에의 광범한 지원 조성: 갈등(conflict)에서 공감대(consensus) 형성으로

변화과정에서는 또한 갈등이 존재한다. 변화에 관련된 사람들의 다양한 관점과 이해관계는 서로 상충되고 대립된다. 당사자들에게는 매우 중요하고 절실한 문제들이다. 갈등과 대립은 새로운 변화를 위한 출발점이 되기도 하지만 많은 경우 변화를 가로막는 걸림돌이 된다. 개혁지도자의 역할 중의 하나는 가급적 많은 사람들이 변화에의 필요성을 인식하고 같은 방향으로 노력할 수 있도록 공감대(conse-nsus)를 넓히고 주변 여건을 강화하는 일이다. 변화에의 폭넓은 공감대는 변화과정에서 나타나는 구체적이고 부분적인 갈등 상황을 해결하는 데 필요한 집단적 에너지를 공급한다. 이러한 공감대가 바탕이 되지 않는 경우에는 부분적인 갈등이 누적되고 증폭되어 변화를 위한 전반적인 분위기 자체를 손상하고 집단적 노력을 사실상 붕괴시킬 가능성이 있다. 주변 여건의 강화는 변화 노력을 촉진하는 요소가 되며 열악한 여건은 사람들의 노력과 헌신에도 불구하고 변화의 실현을 가로막는 장애요소가 될 수 있다.

변화의 과정은 변화를 스스로 행하는 사람의 학습의 과정이며 이 학습에서 가장 중요한 요소는 의미부여(meaning－construction)이다. 의미부여는 교육에서의 변화가 일어나기 위한 핵심요소이며 변화의 조건이 된다. 정상적인 변화의 과정은 이러한 의미부여가 긍정적인 방향으로 이루어질 수 있도록 그에 필요한 여건이 갖추어진 속에서 진행될 수 있다. 의미부여는 사람들이 어떤 일에 헌신하도록 동기부여하고 그에 필요한 에너지를 발생시키는 기본 바탕이 된다. 현장에 있는 사람의 변화에의 의욕과 에너지가 따르지 않는다면 아무리 좋은 개혁 아이디어도 궁극적으로 실천되기는 어렵다. 이 부분을 소홀히 하는 어떤 교육개혁의 계획도 성공을 기대할 수 없다. 시간이 걸릴지라도 교육개혁에 있어서 이 부분을 생략할 수는 없다. 이 부분이 충실히 이루어지지 않은 변화의 과정은 피상적이며 형식적인 변화만을 가져오고 현장에 있는 사람들의 부정적인 태도와 인식만을 부산물로 남기게 된다.

교육에서의 변화를 꾀하고자 하는 정책결정자들에게는 어떻게 학습과 의미부여가 이루어지며 그것이 효과적으로 이루어지기 위한 여건 조성이 어떻게 이루어질 수 있는가에 대한 충분한 이해가 필요하다. 이것은 마치 자동차를 움직이고자 하는 사람이 자동차의 구동원리를 이해하는 것과 같다. 자동차가 잘 움직일 때야 별로 느끼지 못하겠지만 자동차가 정상적인 기능을 하지 못할 때는 어느 부분에 어떤 문제가 있는가를 찾아내어 치유해야 하며 자동차가 움직이는 원리를 이해하지 못한 상태에서 그 문제점을 파악한다는 것은 불가능하다. 다만, 교육변화가 자동차와 다른 것은 그 연료가 휘발유나 경유가 아니라 인간의 에너지라는 것이며 인간의 에너지가 지속적으로 공급되기 위해서는 동기부여(motivation)가 필요하고 동기부여가 지속되기 위해서는 의미부여(meaning-making)가 이루어져야 한다는 것이다. 따라서 진정한 교육변화를 가져오기 위한 계획을 수립하고자 하는 자들에게 가장 필요한 것은 '의미부여'의 본질과 속성, 조건 그리고 그 기능에 대한 깊은 이해, 즉 인간의 학습과 행동변화에 대한 진정한 이해이다.

교육변화의 장애물

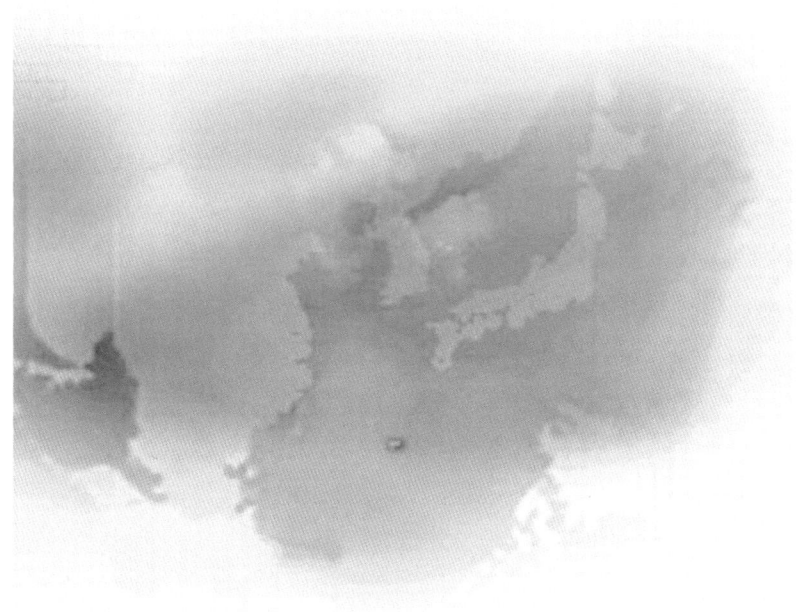

제 4 장 ┃ 교육변화의 장애물

　교육변화의 속성과 과정에 대한 지금까지의 논의에 비추어 볼 때, 현 교육개혁 메커니즘의 골간이 되는 관료제적 행정체제와 합리적－구조적 패러다임은 과연 학교교육의 변화를 가져오는 데 적합한 접근인가? 한 가지 분명한 것은 기존의 메커니즘이 교사들을 동기부여 하는 데 있어 중요한 결함을 지니고 있다는 점이다. 이 장에서 제시하는 문제점들은 우리의 교육개혁 메커니즘이 드러내고 있는 문제들로서 교육개혁의 성공을 위한 교사들의 유의미한 학습에 부정적 영향을 미치는 요소들이다.

1. 인간에 대한 도구적 관점과
　　 외재적 평가 · 보상에 의한 행동 통제

　조직목적 달성을 위한 인간의 도구화는 인간을 통제되어야 할 객체(object)로 보고 인간의 주체성을 무시한다. 인간은 자신에게 주어진 공식적 역할 외에는 그 가치가 인정되지 않으며 그가 가진 창조성 및 잠재력의 발휘도 제한된 범위 내에서 정해진 방식으로만 기대된다. 이러한 시스템은 기본적으로 인간의 능력을 최대한 발휘토록 하는 데 부적합하다. 개인은 주어진 공식적 책임 수행만으로 조직에서 생존할 수 있기 때문에 그 이상의 능력 발휘를 해야 할 필요를 느끼지 못하며 그에 대한 보상도 없는 상황에서 주어진 일 외의 일을 수행하는 데서 오는 위험부담을 감수할 의지를 갖지 못한다.

기존의 개혁 메커니즘 속에서는 외재적인(external) 기준으로 인간을 평가하고 외재적인 보상과 제재를 통해 인간의 행동을 통제하고자 한다. 교사에 있어 가장 중요한 가치는 학생과 관련된 것이다. 그들의 진정한 행복과 쓰라린 실패는 모두 학생과의 관계에서 나온다. 학생의 성공은 그들의 성공이요 학생의 실패는 그들의 실패이다. 이것은 교사라는 직업에 내재되어 있는(intrinsic) 가치이다. 아무리 많은 외재적(extrinsic) 보상이 주어져도 그것이 내재적 가치가 실현되는 데서 오는 만족을 대체할 수는 없다. 외재적 조건에 의해 유발된 행동은 그 조건이 사라지면 더 이상 생명력을 가지지 못하며 내재적 동기에 바탕을 둔 행동이야말로 인간의 열망(desire)을 충족시키며 지속성을 가지게 된다.

2. 아이디어의 외발성(externality): 불연속과 단절

교사의 낮은 지위와 권력(power), 교직문화의 보수성 등의 영향으로 대부분 교육개혁의 아이디어는 외부로부터 학교로 전달되는 것이 전형이 되어 왔다. Dewey(1916)는 외발적인(external) 아이디어가 갖는 문제점에 대하여 다음과 같이 명쾌하게 지적하고 있다.

"목표는 현재의 조건을 바탕으로 수립되어야 한다. 그것은 이미 진행되고 있는 것에 대한 고려, 현 상황의 활용 가능한 자원, 장애요소 등에 기초하여야 한다. 우리 활동의 적절한 목적을 제시하고자 하는 이론들은 종종 이 원칙을 위반한다. 그들은 우리의 활동 밖에 놓여 있는 목표들, 구체적인 상황 형성과 무관한(foreign) 목표들, 외부 원천으로부터 발생된 목표들을 제시한다. 문제는 이와 같이 밖으로부터 제공된 목표를 실현하기 위해 우리의 행동을 그리로 끌어가야 한다는 것이다. 그 목표들은 우리가 어쩔 수 없이 수행하여야 하는 그런 것들이다. 어떤 경우에도 그러한 목표들은 우리의 지적 활동을 제약한다. 그들은 현실적으로 가능한 대안 중에 보다 나은 것을 예견하고, 관찰하고, 선택하고자 하는 우리의 마음(mind)을 표현하는 것이 아니기 때문이다. 그들은 우리의 지적 활동과는 상관없이 외부적 권위에 의해 이미 결정된 것으로 부과되어 우리에게 수단에 대한 기계적 선택만을 남겨둠으로써 우리의 지적 활동을 제약한다."(p.104)

외발적인 아이디어는 자신의 주어진 현실에서 문제를 인식하고 이를 해결하기 위하여 노력하고 있는 일선 교사의 눈에는 자기가 당면한 현실과 연계성(connection)이 부족하고 절실하지 않으며(uncompelling) 그것보다 시급하고 중요한 과제가 많다고 생각할 수 있다. 그것을 받아들인다는 것은 종종 현실과의 단절(discontinuity)을 의미한다. 이러한 상황은 교사의 문제 해결을 위한 내재적 동기를 유발시키지 못하고 오히려 변화 노력을 가로 막으며 문제해결을 위한 지적 역량의 발휘를 저해한다. 개혁 프로그램이 자신의 일이라는 주인의식과 책임감을 갖도록 하지 못하며 마지못해 이행해야 할 새로운 부담으로 받아들여진다.

3. 비현실적 가정들

합리적-구조적 접근법은 개념적, 실천적 오류를 모두 안고 있다. 이 접근은 조직 내부 및 주위의 동태적 흐름과 복합성을 무시하고 있다. 이는 선형성, 합리성과 공식적 구조를 지나치게 중시한 나머지 현장의 생명력 있는 현실(vital realities of the context), 인간의 심리, 변화의 과정을 방관하고 있다(Evans, 1996).

인간보다 사물에 초점을 두는 합리적-구조적 접근은 인간이 사회 문화적, 제도적 맥락에서 어떻게 행동하는가에 대한 진지한 관심을 결여하고 있다. 인간은 어떤 자극에 대하여 항상 합리적으로 대응하는 것으로 가정되므로 그들이 자신의 현실을 어떻게 인식하는가는 관심 밖이 된다. 중요한 것은 그들의 나타난 행동이며 객관적인 요소들과 그 행동과의 인과관계이다. 그 때문에 인간들은 통제되고 조작되어야 할 객체로 간주된다. 인간 행동에 대한 이러한 단순한 가정은 인간의 동기부여 측면에서 심각한 약점을 보여 왔다. 이러한 면에서 사람들이 획득하는 주관적 의미가 객관적인 자극보다 중요한 역할을 한다는 것이 그동안 강력하게 제기되어 왔다.

합리적-구조적 접근은 현실 그 자체를 지나치게 단순화한다. 세상은 이 접근법에서 가정되는 것보다 훨씬 복잡하다. 많은 경우에 사물은 분명한 선형적 인과관계에 있지 않다. 선형성의 가정은 사물이 서로 상호작용하고 서로 영향을 미치며 따라서 서로 얽혀 있고 상호 의존하고 있다는 사실을 간과한다. 전통적 접근법의 단순한(simplistic) 가정은 문제상황의 복잡성을 이해토록 하는 데 실패해 왔다.

이 접근법의 또 다른 문제는 투입과 산출을 강조하는 가운데 개혁의 실천과정을 무시하는 것이다. 과정은 관련된 객체들 간의 분명한 선형적 관계에 기초하여 공식화되기 때문에 산출물의 질을 결정하는 가장 중요한 요인은 투입의 내용이라고 인식된다. 과정은 단지 관리 통제되어야 할 대상으로 인식되며 창조, 재창조되는 것이라는 인식은 결여되어 있다. 투입과 산출에 비하여 과정에 대한 상대적으로 낮은 관심은 산출의 질에 영향을 미치는 과정변인에 대한 적절한 지식의 결핍을 가져오게 한다.

4. 시간의 문제

　교육변화를 교사의 학습과정으로 보면 교사들도 학생들과 같이 학습을 함에 있어 어느 정도의 시간이 필요함을 이해할 수 있다. Dwyer, Ringstaff & Sandholtz(1991)는 교사들의 컴퓨터를 활용한 교수방법의 변화가 '진입(entry) - 채택(adoption) - 적응(adaptation) - 조절(appropriation) - 창조(creation)'의 단계를 거쳐 진행됨을 보여준다. 이 과정 속에서 가장 중요한 요소는 교사들의 신념의 변화이며 이는 시행착오와 연속적인 피드백을 거치는 과정을 통해 교사가 학생과 상호작용하는 가운데에서 일어난다. 교수방법의 조그만 변화조차도 이러한 단계적 진화(evolutionary) 과정을 거치며 필연적으로 이에 소요되는 상당한 시간을 요구한다. 새로운 기술과 행동을 학습(learning)하고 옛 것을 버리는 일(unlearning)의 어려움은 거의 인식되지 못해 왔다. 교육의 변화는 하나의 과정(process)이지 일회적 사건(event)이 아니다.

　그러나 정치적 환경은 개혁주도자로 하여금 결과 생산을 서두르도록 하고 이해관계자(stakeholder)들에게 자신들이 무엇인가를 하고 있음을 알리기 위해 또 다른 새로운 개혁으로 움직이도록 강요한다. 개혁의 진정한 결과는 그들이 기다리기에는 너무 느리게 나타나기 때문에 그들은 투입(input) 지향적이 되고 상징적인(symbolic) 것을 추구한다. 개혁주도자들에게는 그들이 어떤 프로그램을 얼마나 많이 시달하였는가가 프로그램이 질적으로 얼마나 성숙되었는가보다 더 중요하다. 따라서 이전의 프로그램이 교사들에 의해 학습되고 실행되기 이전에 새로운 프로그램들이 배달된다. 그러면 이전 프로그램에 주어졌던 관심과 자원은 새로운 프로그램으로 옮겨가거나 분산된다. 교사들은 새로운 프로그램에 최선을 다할 것을 요구받고 관료제 속의 어느 누구도 이전의 것을 돌보지 않는다. 이전의 것에 대한 학습은 더 이상 장려되지 않는다. 결국 교사들의 학습이 완성되지 않으므로 진정한 변화는 이루어지지 않으며 개혁은 피상적 변화에 그친다. 시간의 부족과 자신의 일을 완성했다는 느낌의 결여는 교사들이 경험하는 고질적 문제이다. 일을 완성했다는 느낌, 흥분과 성취감 등은 어떤 교육적 변화에 있어서도 가장 강력한 자극제가 됨에도 불구하고 현실은 이를 제대로 제공하지 못한다.

정치가들의 정치적 시간개념(political time frame), 행정가들의 기술적-합리적 시간개념(technical / rational time frame)은 교사들이 인식하는 주관적인 시간개념과 괴리를 보인다. 위에서 내려다보는 자에게는 아래에서 진행되는 일의 속도가 느려 보인다는 Hawking의 이론은 학교에도 그대로 적용된다(Hargreaves, 1994). 교사들은 자신들의 일을 수행하는 데 있어 중시되는 나름대로의 주관적 시간개념을 가지고 있으며 이는 교사가 하는 일의 속성-완성(completion), 맥락(context), 인간지향성-과 연관된다. 정치가, 행정가의 시간개념-일정(schedule), 표준화된 절차(standardized procedure), 과업지향성-을 교사들에게 요구하는 것은 학습자로서 변화노력에 집중하고자 하는 교사들의 시간을 방해하며 그들의 개인적 성향, 태도, 관심, 개성을 바탕으로 한 의미 있는 학습 경험의 기회를 박탈하는 어리석음을 범할 수 있다.

5. 일관성(coherency)의 결여

　대부분의 경우 개혁안은 복수의 프로그램들을 포함하며 종종 마치 백화점에 상품 진열되듯 나열된다. 여러 프로그램들이 신중한 조정 없이 별개로 실행되며 당연히 서로 상충되는 프로그램들이 나타난다. 교육개혁에 있어 다양한 집단의 서로 다른 정치적 견해와 이해관계는 하나의 개혁안을 상충되는 아이디어와 실천의 복합체로 만든다. 프로그램 간의 유기적인 조정이 없는 개혁안은 조각난 프로그램의 집합(aggregation)이 된다.

　새로운 프로그램들은 종종 이전의 프로그램들과 단절되며 이러한 현상은 주기적으로 반복된다. 교육이 진지하게 진전을 보이려면 교사들은 단순히 새롭고 근사해 보이는 프로그램보다는 실제로 효과적인 프로그램에 그들의 노력을 집중함으로써 그 시계추(pendulum)를 멈추게 해야 한다. 연속되는 교육개혁 프로그램에서의 비일관성과 불연속성은 교사들로 하여금 교육개혁에 대하여 부정적인 태도를 형성하도록 한다. 정치가들과 행정가들은 이러한 문제로부터 직접 고통을 겪지 않으며 고통을 겪는 자는 현장의 교사들이다. 전자는 과거의 것을 쉽게 무시할 수 있으나, 교사와 학생들은 과거에 해 온 것을 그냥 무시할 수가 없다. 왜냐하면 그것은 그들의 삶의 양식의 일부로 정착된 것으로서 많은 투자와 노력, 애착이 이루어진 것이기 때문이다. 만일 교사들이 그들의 교수방법을 의미 있게 변화시키려 한다면 지난 수십 년간 그들이 이룩해 온 교수법뿐만 아니라 그들의 학생들이 경험해 온 학습법을 무시할 수 없으며 이를 극복해야만 한다.

교육개혁은 학교라는 빈 공간에 물건을 가져다 쌓아놓는 것이 아니다. 그것은 이미 수많은 다양한 경험을 거치고 자기 나름의 신념체계와 행동양식을 형성한 교사들의 의식과 행동의 변화를 요구하는 것이기 때문에 기본적으로 그들이 가진 지금까지의 경험들을 토대로 이루어진다. 그러한 경험들은 개혁주도자들이 이를 완전히 씻어내거나(wipe out) 다른 것으로 교체(replace)할 수 있는 성질의 것이 아니다. 개혁주도자들은 개혁을 통해 학교를 변화시키려 하지만 역사적으로 볼 때 오히려 학교가 개혁안을 변화시킨 예가 지배적이다(Tyack and Cuban, 1996). 새로운 개혁의 노력들은 종전의 방식에 동화되어 버리거나 교사들에게 익숙한 방식으로 변형되어 받아들여진다. 이는 교사들이 오랜 시간 동안 형성해 온 행동양식과 그 바탕을 이루고 있는 신념체계가 얼마나 변화하기 어려운가를 말해주는 동시에 현실을 제대로 반영하지 못하여 일관성을 상실한 개혁안은 결국 현장에서 거부되거나 또는 현실여건에 따라 절충되고 변형될 수 있음을 시사하는 것이다.

한편, 교사들은 그들의 업무를 수행하면서 여러 가지 갈등을 겪게 되는데 이들 갈등은 그들의 변화노력에 대한 집중도를 저하시킨다. 자신이 교사로서 추구하는 가치와 교사 평가기준 간의 불일치, 자신의 교육철학, 교수방법과 학생, 학부모의 요구와의 불일치, 자신이 전념하고 싶은 일과 외부로부터 부과되는 일과의 불일치 등에서 오는 갈등 또는 딜레마는 교사의 시간, 노력, 에너지를 분산시키고 성취감보다는 불만, 죄책감, 회의 등을 가져온다.

6. 형식주의, 안전을 위한 가장(safe simulation), 강화(intensification)

　형식주의(formalism)는 개혁 메커니즘의 중요한 속성인 동시에 다른 속성들로 인해 학교체제 속의 구성원들이 나타내는 유형화된 행동적 반응이라고도 할 수 있다. 교사들이 자신의 현실을 표현하는 데 흔히 사용하는 용어 중의 하나는 '이중 잣대' 또는 '이중장부'이다. 이는 학교 내에 존재하는 비일관성(incoherency)에서 비롯된다. 비현실적 가정에 기초하여 수립된 개혁 과제는 교사들에게 의미 있게 받아들여지지 않으며 그들의 내재적 변화동기를 자극하지 못한다. 교사들은 관료제적 통제 속에서 이를 수행하지 않으면 안 되는 상황에 놓이게 되며 그들이 택하는 현실적인 선택은 '안전을 위한 가장(safe simulation)'이다. 이는 딜레마 상황에서 자신의 안전을 지키고 생존하기 위해 어떤 일을 하는 '척'하는 행동을 말한다. 사실 관료제적 통제 시스템에서는 이러한 방식의 생존이 가능하다. 공식적으로 요구되는 최소한의 의무를 이행하는 것으로 자신의 안전은 유지될 수 있으나 그것으로 성취감을 얻을 수는 없으며 진정한 변화 노력을 유발하지 못한다. 안전을 위한 가장(safe simulation)은 교사들의 열망에 기초한 헌신을 이끌어내지 못하고 피상적인 변화에 그치게 한다 (Hargreaves, 1994). 변화는 형식에 그치며 본질은 바뀌지 않는다.

　이러한 변화의 실패와 지속되는 학교의 보수성은 학교의 속성에 맞지 않는 개혁 메커니즘이 초래한 결과이다. 정치가와 행정가들은 변하지 않는 학교를 변화시키기 위해 개혁 메커니즘을 본질적으로 변환시키기보다는 지금까지 해 온 방식을 더 강화(intensify)하는 경향이 있다. 더 많은 유사한 프로그램들이 제안되고 교사들에게 더 많은 과제가 주어진다. 교사의 일은 증가되며 더 많은 강화된 지시들이 학교에 시달된다. 새로운 과제에 대한 교사 연수가 실시되고 실천여부를 점검하기 위한 평가가 이루어진다. 강화(intensification)란 점점 바빠지고, 구속되고 종속되며 자율성이 줄어드는 한편, 일의 종류와 양은 늘어나지만 일의 질과 완성도는 떨어지는 현상을 말한다. 교사들에게는 보다 더 많고 다양한 과업이 요구되나 스스로의 연구와 경험을 통해 새로운 지식과 기술을 습득하기보다는 외부전문가의 처방을 따르고 의존하게 된다. 결국 교사들은 점점 더 수동적인 존재가 되어가며, 자신이 하는 일에 대한 완성도는 점점 낮아지고 성취감을 느끼는 것은 더욱 어렵게 된다. 이러한 현상은 결국 형식주의와 안전을 위한 가장(safe simulation)을 더욱 강화하는 악순환을 초래한다.

7. 정서적 측면에 대한 무관심

변화에 대한 동기부여는 변화요구 및 실천과정에 대한 인식, 해석, 가치판단 등의 지적인 작용과 그에 대한 감정적 수용 여부에 따라 결정된다. 논리적으로 옳고 타당한 아이디어에 대하여도 사람들은 부정적인 정서적 반응을 보일 수 있다. 새로운 과제를 수행할 능력을 가지고 있어도 새로운 시도에 따른 결과가 자기가 중요시하는 욕구와 가치를 충족시켜 주지 못한다면 동기부여는 제대로 일어날 수 없다. 변화로 인해 나타나는 정서적인 부정적 반응-상실, 불안, 혼란, 갈등-은 변화의 동기를 저해하고 변화속도를 늦추는 작용을 한다. 교사들의 주관적인 현실을 이해한다는 것은 그들의 의미부여(meaning-making) 과정을 이해하는 것이며 이는 그들이 가지고 있는 감정의 근거까지도 공감하고 이해하는 것을 의미한다. 논리적이고 체계적으로 구성된 개혁논리와 프로그램이 현장에서 의도한 대로 실천되지 않는 이유 중의 하나는 그것이 교사들의 감정적인 호응을 얻지 못하기 때문이며 이는 다시 말해 교사들에게 유의미한 변화과제로 받아들여지지 못하고 있음을 의미하는 것이다.

기존의 개혁 메커니즘 속에서 교사들은 동기부여의 중요한 요소인 성취감과 긍지를 갖기 힘들다. 종종 현장과의 연계성을 결여한 채 하향식으로 부과된 비현실적 과제 수행이 이루어지는 형식주의적 교육행정체제 속에서, 내재적 동기보다는 외재적 보상에 의한 동기부여를 강조하는 학교업무환경 속에서 교사들은 성취감을 맛보기 어려우며 자신들이 하는 일에 대한 긍지를 느끼기 힘들다. 교육개혁이 시도되면 될수록 교사들의 불만과 회의가 늘어나며 사기는 저하되는 경향을 보인다. 개혁정책에 대한 경험이 많은 교사일수록 새로운 개혁에 대한 기대는 낮다. 부정적인 경험은 부정적인 기대를 형성하고 부정적인 반응을 가져오게 한다. 이러한 교사들의 정서적, 심리적 상태는 개혁 성공의 저해 요소가 되는 한편 개혁의 성공을 위하여 극복되어야 할 과제이다. 문제는 그것이 교사들 본래의 결함이 아니라 기존의 개혁 메커니즘 속의 반복되는 경험의 결과로 형성된 것이라는 점이다.

교육변화의 새로운 패러다임

제 5 장 ┃ 교육변화의 새로운 패러다임

　관료제적 교육행정체제와 합리적-구조적 패러다임의 한계를 극복하기 위한 새로운 패러다임은 무엇인가? 어떤 관점에서 새로운 접근이 이루어져야 하는가? 이 장에서는 패러다임의 의미와 우리가 추구하여야 할 대안적 패러다임의 모습에 대하여 논의하고자 한다. 새로운 접근이란 곧 우리가 세상을, 인간을, 그리고 교육을 어떻게 바라볼 것인가에 대한 논의를 바탕으로 얻어질 수 있는 것이기에 이 장의 논의는 필연적으로 다소 철학적 색채를 띠게 될 것이다. 이후에 다루어질 교육변화에의 구체적 전략들은 이 장에서 제시될 새로운 패러다임에서 비롯되는 것이다.

1. 패러다임의 속성

　사회현상과 자연현상의 차이는 무엇인가? 사회현상의 주체는 인간인 반면에 자연현상의 주체는 자연이다. 물론 인간을 자연의 일부(예컨대 생명체로서의 동물적 존재)로 보면 인간도 자연현상의 일부가 될 수 있으나 그것은 우리가 인식하는 사회현상 속의 인간과는 다르다. 사회현상을 탐구하는 사회과학은 본질적으로 인간이 행동의 주체가 되어 나타나는 현상을 연구하는 것이다. 교육은 대표적인 사회현상이다. 그것은 인간이 주체가 되어 만들어내는 현상이기 때문이다.

사회과학의 패러다임은 자연과학의 패러다임과 다른 속성을 지닌다. 자연과학의 패러다임들은 서로 상충되지 않는다. 상충된다면 어느 하나는 틀린 것이다. 새로운 패러다임은 낡은 패러다임을 포괄하나 배치되지는 않는다. 기존의 패러다임은 그것으로 설명되지 않는 새로운 현상이 나타나게 되면서 한계에 다다르게 되고 새로운 패러다임 출현의 계기를 맞는다. 새로운 패러다임은 과거의 패러다임으로 설명되던 현상을 모두 설명하면서 과거 패러다임으로 설명되지 않던 현상까지도 설명할 수 있는 것이다. Thomas Kuhn(1970)이 말한 패러다임의 혁명은 자연과학의 발전에 있어서는 필연적인 것이다.

사회과학의 패러다임은 서로 상충되는 것들이 동시에 또는 시대를 달리하면서 존재할 수 있다는 점에서 자연과학과 다르다. 패러다임은 세상을 바라보는 기본적인 관점이며 일정한 신념체제를 바탕으로 형성되어 있다. 동 시대에 같은 사회에서 같은 현상을 바라보는 사람들의 패러다임은 여러 가지가 존재할 수 있으며 이들은 서로 상충될 수 있다. 서로 다른 관점과 신념체제에 바탕을 두고 있기 때문이다. 이러한 신념체제는 사람들의 지식, 가치관, 기본 가정, 욕구, 기대 등을 반영하며 이들은 다시 그들이 가지고 있는 기질, 과거의 경험, 문화적 학습, 놓여 있는 상황 등에 영향을 받는다. 상충되는 패러다임을 우리 사회에서 찾아보는 것은 어렵지 않다. 사용자와 노동자, 보수와 진보, 구조기능주의와 갈등론, 신자유주의와 평등주의, 자본주의와 사회주의 등이 있다.

2. 교육변화의 새로운 패러다임

교육정책을 형성하고 추진함에 있어 어떤 패러다임에 기초할 것인가 하는 문제는 너무나 중요하다. 우리 교육정책은 어떤 패러다임에 근거하고 있는가? 이는 우리 교육의 목적을 어떻게 설정하고 문제를 어떻게 인식하며, 어떤 정책적 대응을 어떤 방식으로 전개할 것인가 하는 중대한 의사결정을 위한 개념적 틀이 된다. 어떤 패러다임이 옳은 것인가 하는 판단의 기준은 무엇인가?

앞에서 논의된 바와 같이 우리 교육체제에 있어 지금까지 조직운영의 패러다임은 관료제였으며 정책을 형성하여 시행하는 패러다임은 합리적-구조적 접근법이었다. 이것은 많은 패러다임 중 우리 교육체제가 스스로 선택한 것이라기보다는 우리 사회를 일반적으로 지배하는 주된 사고체계가 그러하였기 때문이다. 이러한 패러다임은 교육부문뿐만 아니라 거의 모든 행정체계에 퍼져 있으며 공공분야뿐만 아니라 대규모 조직을 통해 운영되는 거의 모든 사회분야에 공통된 현상이다. 이러한 패러다임은 능률적이고 질서 있는 조직운영과 합리적이고 과학적인 의사결정을 통해 많은 문제들을 효과적으로 처리하는 데 기여하여 왔기 때문에 우리 사회의 주된 사고체계로 자리를 잡아 온 것이다.

문제는 우리의 관심사인 학교교육에 있어서는 유독 이러한 패러다임이 별로 효과를 거두지 못하였으며 그것이 적용되는 과정에서 오히려 비교육적인 부작용들이 초래되어 왔으며 결과적으로 학교교육체제의 비능률을 초래하였다는 것이다. 이러한 패러다임으로 운영되어 온 교육체제 속에서 개인들은 행복하지 못하였으며 교육의 효과를 거두는 데 필요한 교사들과 학생들의 동기부여가 제대로 이루어지지 못하였고 동기부여가 제대로 이루어지지 못한 상태에서의 정책추진은 결과적으로 형식적이고 피상적인 수준의 결과에 그치는 경우가 대부분이었다. 우리 교육정책과 학교교육의 문제점들에 대하여 여러 가지로 이야기할 수 있겠으나 한 가지 가능한 지적은 그 문제의 근원이 흔히 거론되는 교육 관료의 권위주의나 일선 교사의 무사안일이 아니라 그것보다 더 깊은 수준에서 교육체제 내의 조직운영과 업무추진을 지배하여 온 전통적인 패러다임, 즉 우리의 사고체계 자체라는 것이다.

우리에게 필요한 새로운 패러다임은 학교교육 체제 속의 개인들이 소외되지 않고 모두가 주체적인 삶을 살아가며 자신의 본연의 과업을 위해 동기부여되고 유형, 무형의 환경들이 이러한 동기부여를 장려하고 촉진하는 방향으로 초점 맞추어진 조직 운영과 업무 추진방식을 자연스럽게 형성하는 그러한 사고체계를 의미한다.

이러한 패러다임에 의한 교육체제의 운영은 관료제와 합리적 - 구조적 접근법이 드러낸 한계, 즉 교육변화의 장애요소들을 극복함으로써 피상적인 변화가 아닌 진정한 교육변화를 이끌어낼 수 있어야 한다. 즉 형식주의 속에서 불만에 싸여 수동적으로 지내 온 교사들로 하여금 자율과 책임에 기초한 주인의식과 내재적 동기에 의한 본연의 과업에의 헌신, 유의미한 변화과제의 능동적인 학습을 통한 신념체제의 변화를 바탕으로 한 교육실천의 지속적인 혁신을 유도하여야 한다.

3. 새로운 패러다임의 원칙

이러한 패러다임은 선택의 대상이 아니라 우리가 그것을 구성(construct)해 나아가야 할 성질의 것이다. 그러기 위해서는 근본적으로 우리가 생각하여야 할 조건 또는 원칙들이 있을 수 있으며 이에 대하여 세계관, 인간관, 교육관의 차원에서 논의하고자 한다.

1) 세계관

세상을 어떻게 인식할 것인가 하는 문제는 기본적으로 철학의 문제이다. 이에 관한 철학의 논의는 존재론(ontology), 인식론(epistemology), 방법론(methodology) 등으로 구분하여 이루어진다. 이에 관한 방대한 철학적 논의를 여기서 다루는 것은 이 책의 범위를 벗어나는 것이므로 다만 어떤 철학적 입장이 우리에게 필요한 새로운 패러다임의 수립에 기여할 수 있는가 하는 관점에서 논의를 전개하고자 한다.

☐ 존재론과 인식론

존재론은 세계가 어떻게 구성되어 있는가에 대한 논의인 바, 그것은 우리가 인식하는 현실(reality) 또는 진실(truth)이 어떻게 형성되어 있는가에 대한 것이다. 실증주의(positivism)적 입장에서 보면 현실이란 객관적으로 존재하는 것이며 진리란 보편적으로 시공을 초월하여 존재하는 것이라고 본다. 우리가 인식하는 세계는 결국 우리 자신과는 별개로 현실적으로 존재하며 보편적인 진리, 즉 인과법칙에 의해 움직인다. 과학자들이 하는 일은 이러한 법칙들을 발견하여 사물의 이치를 설명하는 것이다. 이와 같은 세계관은 오늘날의 자연과학을 가능케 한 철학적 입장이며, 많은 사회과학자들도 사회현상을 연구하는 데 있어서 이러한 실증주의적 입장을 택하고 있다. 인식론적 입장에서 보면 그들은 사회현상에도 그러한 현상이 나타나게 하는 보편적인 인과법칙이 존재한다고 생각하며 그것을 경험적으로 찾아내어 사회현상을 설명하는 일을 자신들의 소명으로 생각한다. 이러한 생각은 아마도 근대사회를 이끌어 온 주된(mainstream) 사고방식일 것이다. 이러한 존재론과 인식론이 곧 합리적-구조적 패러다임의 배경을 이루고 있음은 이미 언급되었다.

이와는 상반된 세계관이 역시 존재한다. 그것은 구성주의(constructivism)라고도 하며 사회과학 방법론에서는 해석론(interpretivism)이라고도 불리는 입장이다. 이 입장에서는 우리가 인식하는 현실은 객관적으로 존재하는 것이 아니라 우리 인식 속에 주관적으로 형성된 것이라고 본다. 그러한 주관적 현실은 우리가 놓여 있는 특수한 상황(context)에서 우리가 객관적 대상을 주관적으로 인식하고 해석하여 구축한 현실(constructed realities)이다. 따라서 그것은 보편적, 객관적인 것이 아니라 특수하고 개인적인 것이다. 객관적으로 같은 사회현상 속에서도 사람들은 자기가 놓여 있는 입장과 상황에 따라서 서로 다른 현실인식을 하며 그러한 현실인식을 바탕으로 행동하게 된다. 내가 인식하는 현실은 다른 사람의 그것과는 다를 수 있다. 사람들의 행동을 좌우하는 것은 결국 객관적인 현실이 아니라 주관적인 현실이며 이것이 사회적 현실(social reality)의 실체라는 것이다. 북한 주민들이 생각하는 진리는 남한 사람들이 생각하는 진리와는 다를 수 있으며, 미국의 백인들이 인식하는 현실은 흑인들이 인식하는 현실과는 다를 수 있다는 것이다. 16세기 조선시대 사람들이 믿던 진리와 21세기 대한민국 사람들이 믿는 진리는 다를 수 있다. 곧 사회현상에 있어서 시공을 초월하여 어느 시대 어느 사회에서나 누구에게도 적용되는 보편적 진리나 법칙은 존재하지 않는다는 것이다.

인식론에서 볼 때 연구자들은 복수의 현실(multiple realities)을 인정하며 보편적 절대적 진리를 찾기보다는 어떤 상황에서 어떤 사람들이 어떤 현실인식을 하고 있는가를 이해하려고 한다. 여기서 중요한 것은 사람들이 자신의 현실에 대하여 부여하는 의미(meaning)이며 연구자들은 그 의미를 이해(understand)하기 위한 노력을 하게 된다. 외관적으로는 같은 행동으로 보여도 행위자가 그 행동에 대하여 부여하는 의미는 다를 수 있기 때문이다. 현실이라는 것은 외부 세계에 객관적으로 존재(exist)하는 것이 아니라 사람들의 인식에 의해 구성(construct)되는 것이라는 의미에서 이러한 입장을 구성주의(constructivism)라고 부르며, 사회과학이 할 일은 보편적인 법칙을 설명하는 것이 아니라 사회현상에 담긴 행위자들이 부여한 의미를 해석(interpret)

또는 이해하는 것이라는 관점에서 이를 해석론(interpretivism)이라고
도 부른다.

세계관과 관련하여 우리가 범하기 쉬운 오류 중의 하나는 세상을
이분법적으로 보는 사고방식이다. 주체와 객체, 개인과 사회, 육체와
정신 등 우리는 두 개의 서로 배타적으로 존재한다고 생각되는 범주
를 설정하고 사물을 이 두 범주에 관련지어 서로 대립되는 관계로 보
는 경향이 있다. 이러한 사고방식은 사물 간의 차이점을 부각시켜 각
각의 개체를 분석하는 데에는 도움을 줄 수 있으나 개체 간의 연계
성과 상호작용을 이해하는 데에는 별로 도움을 주지 못한다. 예컨대,
인간과 사회에 대한 전통적인 논의들을 보면 어떤 입장은 인간이 지
니는 이성(reason)을 중시하고 개인의 존엄성을 강조하는 반면, 어떤
입장은 사회적인 힘의 중요성과 집단적 가치를 강조하고 이에 구속
받는 인간의 종속성을 지적한다. 그러나 인간과 사회는 이분법적으
로 구분하여 대립적인 관계로 인식할 존재라기보다는 서로의 상호작
용을 통하여 변화하여 나가며 그러한 상호관계 속에서 각자가 그 가
치를 지니게 되는 관계라고 볼 수 있는 것이다.

종래의 서구의 여러 사고체계들이 사물을 이분법적으로 보고 각각
의 독립적인 위치에서 그 속성을 논의하고 가치를 파악하고자 하였
던 데 반해 우리가 실용주의(pragmatism)라 부르는 20세기 초반 미
국에서 발달한 철학적 입장은 사물의 본질을 개체 간의 역동적, 진
화론적 상호작용에서 규명하고 사물의 가치도 그러한 상호작용 속에
서 각자가 가지는 기능을 통해 찾고자 하는 관점을 견지하고 있다.
이러한 입장은 주로 William James, John Dewey, George Mead와 같
은 학자들에 의해 발전되었다. 이들의 입장은 종래의 이분법적 세계

관을 극복하는 데 큰 시사점을 제공한다. 예컨대 인간과 사회는 서로 분리 대립된 상태에서 의미를 지니는 것이 아니라 개인은 사회 속에서 사회는 구성원인 개인을 통해서 존재하는 것이며 그 존재의 의미와 가치는 고정된 것이 아니라 인간은 사회 속에서 변화하며 인간의 변화를 통해 사회도 변화해 가는 진화론적 변화과정을 역동적으로 수행해 나가는 관계에 있다는 것이다.

이 관점에서 중요한 개념 중의 하나는 사회적 의미(social meaning)이다. 사회 속의 인간의 행동은 그것이 지니는 사회적 의미에 의해 가치를 지닌다. 사회적 의미는 구성원 간의 상호작용 과정에서 형성된다. 나의 행동의 의미는 상대방의 반응에 의해 규정된다. 상대방은 나의 행동에 대하여 반응하며 나는 그의 반응을 통해서 나의 행동의 의미를 파악하고 그 다음 행동을 선택하게 된다. 즉 나의 행동의 의미는 나와 상대방 간의 상호작용 속에서 규정되며 그 의미는 나와 상대방 간에 공유되는 것이다. 이와 같은 상호관계 속에서 나(self)와 상대방의 의미와 가치도 형성된다. 이는 마치 두 사람이 춤을 추는 동안에 각자의 동작이 상대방에게 전달되면서 의미를 지니며 서로의 동작은 상대방의 동작에 맞추어 진행되는 것과 같다. 그 하나하나의 동작들은 단지 물리적인 단순한 동작의 조합에 그치는 것이 아니라 두 사람 간의 '춤'이라는 사회적 상호작용 속에서 특별한 의미를 지니게 되는 것이다. Mead(1934, 1970)에 의해 제시된 이러한 관점은 오늘날 상징적 상호작용주의(symbolic interactionism)의 근간을 이루고 있다(Bloomer, 1969). 이러한 입장은 사회현상의 본질을 그 현상에 담겨 있는 사회적 의미(social meaning)에서 찾으며 그 의미는 사회구성원 간의 상호작용을 통해 형성된다는 점에서 일종의 사회적 구성주의(social constructivism)에 해당된다고 볼 수 있다.

이러한 입장에서는 사물 간의 관계를 정태적인(static) 입장이 아니라 동태적인(dynamic) 관점에서 보게 된다. 사물은 항상 그 자리에 고정되어 있는 것이 아니라 끊임없이 변화하며 자신의 변화는 주변 환경에 영향을 미치고 주변 환경의 변화는 다시 자신에 영향을 미치는 것이다. 이러한 상호작용을 통하여 세상은 끊임없이 변화해 나간다는 것이다. 또한 사물의 가치의 근원을 그것이 지니는 속성에서가 아니라 그것이 주변과 상호작용하면서 수행하는 '기능'에서 찾게 된다. 즉 사물의 가치는 존재(being)보다는 기능(doing)을 통하여 결정된다는 것이다. 사물의 가치는 따라서 절대적으로 존재하는 것이 아니라 상대적으로 형성되는 것이다. 이러한 관점을 학교에 적용한다면 교사와 학생은 서로 상호작용을 하며 서로에게 영향을 주어 변화를 일으키며 각자의 가치는 그러한 상호작용 속에서 상대방에게 어떤 기능을 수행하느냐에 따라 결정된다는 것이다. 즉 교사는 교사라는 그 자리에 의해 가치가 결정되는 것이 아니라 그가 어떤 역할을 수행하는가에 따라 정해지는 것이다. 교사와 학생의 사회적 의미(social meaning)는 그들이 가지는 상호작용의 성격에 따라 형성되며 그 의미는 서로 간에 공유되는 것이다. 이러한 사회적 의미는 그들이 인식하는 주관적 현실의 핵심적인 요소가 되는 것이다.

교육현상을 이해하고 교육문제를 다루는 데 있어서는 어떤 관점들이 유용한가? 필자는 구성주의의 입장이 보다 유용하다고 생각하며, 그중에서도 이분법적 사고를 극복할 수 있도록 도와주는 실용주의적 관점이 보다 설득력이 있다고 생각한다. 교육은 사회현상 중에서도 인간의 주체성이 유달리 중시되어야 하는 분야이며 앞에서 제기된 전통적인 합리적-구조적 접근법의 한계를 극복하기 위해서는 이와 같은 구성주의적 관점에 입각한 접근을 채택하는 것이 효과적인 것으로 판단되며, 세상을 고정된 범주 속에 고정시켜 놓고 서로 다른 범주에 해당하는 대상 간의 대립 관계로 보는 사고방식으로는 오늘날 우리가 안고 있는 많은 문제들을 효과적으로 극복하기 어렵다고 생각하기 때문에 역동적 상호관계와 진화론적 상호작용의 시각으로 사물을 인식하는 실용주의적(pragmatist) 관점이 우리에게 새로운 사고의 지평을 열어줄 것으로 생각된다.

2) 인간관

교육이란 인간이 인간의 변화를 일으키고자 하는 의도적인 행동이다. 여기서 인간의 변화는 인식, 태도, 행동 및 신념의 변화 등으로 나타나며 변화된 상태는 지속성을 지니게 된다. 이러한 변화의 원천은 인간의 내부로부터 올 수도 있고 외부로부터 올 수도 있는데 대개는 외적 자극에 대한 내적 대응의 과정을 통하여 이루어지게 된다. 이러한 대응과정은 인지적, 정서적 작용을 포함한다. 자연현상과 달리 사회현상은 인간의 행동에 의해 이루어지며 인간은 주관적 현실 속에서 움직인다. 자연과학에서 볼 때 인간은 다른 자연현상과 함께 연구대상으로서의 객체(object)에 불과하나 사회현상에서는 인간은 그 현상을 일으키는 주체(subject)가 된다. 사회현상의 실체인 사회적 의미는 인간에 의해 구축되는 것이기 때문이다. 따라서 주체를 객체로 인식하거나 취급하는 것은 사회현상을 잘못 이해하고 잘못 접근하는 것이다.

(1) 탈소외

인간의 정상적인 주체성 발휘를 위협하는 요소로 소외(alienation)를 들 수 있다. 허병기(2003)는 교육에서의 소외에 대하여 다음과 같이 설명한다.

> "교육의 상황에서는 상대가 인간이든 사물이든 대상에 대해 '의미'를 부여하지 않으면 정상적인 교육의 전개와 성과가 일어날 수 없다. 서로가 서로에게 자신을 열고 접근해야 한다. 상대에게 가치와 의미를 부여하고 거기에 헌신해야 한다. 그렇지 않을 경우, 각자는 서로에서 소외되고 교육적 상호작용이나 일의 성취는 제대로 일어날 수 없다. ……교육의 힘은 기본적으로 가르치는 사람과 배우는 사람 간의 탈소외적 관계, 즉 서로를 온전하고 주체적인 인격으로 인정하고 서로에게 몰입하는 '존재 간 상응'의 관계를 요구한다."(p.20)

소외의 요소로 1) 무의미성(meaninglessness)과 2) 상호작용의 부재를 들 수 있다. 바꿔 말하면 소외로부터 벗어나는 길은 '유의미한 상호작용'이다. 무의미성은 그 대상이 자신의 주관적인 세계 속에 연결고리를 갖지 못하거나 연결된다고 해도 실질적으로 도움을 주지 못할 때 나타난다. 즉 어떤 대상이 자신에게 유의미하기 위해서는 연계성(connectedness)과 유용성(usefulness)의 두 조건을 갖추어야 한다. 한편, 어떤 대상이 유의미하다고 인식되어도 그것과 자신이 상호작용할 수 있는 통로가 막혀 있다면 그는 그 대상으로부터 역시 소외되어 있는 것이다. 이러한 상호작용의 부재는 일방적인 권력관계에서 흔히 나타난다. 무력함(powerlessness)은 소외의 또 하나의 중요한 요소인데, 이는 인간으로 하여금 자신에게 유의미한 대상을 선택할 기회의 제한과 자신이 도전하기 힘든 권력과의 일방적인 관계에 따른 상호작용의 제한을 가져온다. 상호작용이 있다고 해도 그것은 이미 무의미한 내용에 대한 것으로 그러한 상호작용 자체가 무의미해지는 것이다. 자신에게 중요한 문제에 대한 결정권한이 없음으로 해서 결국 유의미한 상호작용의 기회를 갖기 힘들게 되면서 소외현상이 나타난다.

(2) 탈독단

인간의 정상적인 주체성 발휘를 위협하는 또 하나의 요소는 독단주의(dogmatism)이다. 이것은 대상과의 관계에서 나온다기보다는 대상을 바라보는 인간의 관점 및 사고방식에 대한 것이다. 독단주의란 어떤 특정한 신념체계를 신봉하면서 그에 배치되는 다른 신념체계를 배척하는 것이다. 자신이 믿는 신념체계를 절대적인 선(善)으로 인식하며 다른 신념체계에 대한 가치를 인정하지 않고 배타시하는 것이다. 이러한 사고방식에 의하면 상대성이라는 것은 존재하지 않으며 사물은 흑과 백으로 나뉜다. 연속선상의 중간은 인정되지 않으며 양극만 존재한다. 사람과 집단은 내 편 아니면 적으로 인식된다.

독단주의의 폐해는 그 생각 자체보다도 그러한 생각이 행동으로 옮겨질 때 심각하게 나타난다. 자신의 세계와 다른 세계에 대한 무시 또는 박해로 인해 다른 사람들에게 고통을 주며 결국은 비현실적, 편향적인 태도와 행동, 그리고 그것이 야기하는 다른 집단으로부터의 반발과 저항으로 인해 자기 스스로도 피해를 입게 되며 사회를 대립과 투쟁의 관계로 이끌게 되는 것이다. 이러한 독단주의가 교육 현장에 존재한다면 그 폐해는 이루 말할 수 없다. 독단주의는 그 자체가 비교육적일 뿐만 아니라 교육이란 수단을 통하여 학습되고 확산될 수 있기 때문이다. 교육이란 경로를 통하여 한 사람의 독단(dogma)이 백 사람, 천 사람에게 전파될 수 있는 것이다.

요컨대, 새로운 패러다임의 인간관은 소외되지 않고 독단주의에 빠지지 않은 자기 행동의 진정한 주체로서의 인간이다. 자기 주변의 대상과 유의미한 상호작용을 하며 자신의 신념체계를 갖더라도 그와 다른 신념체계가 존재할 수도 있다는 것을 인식하고 그를 존중할 수 있는 이해력과 태도를 지닌다. 세상을 흑과 백으로 단순화하지 않고 사물의 상대성을 이해하며 자기와 다른 존재에 대한 관용(tolerance)의 정신을 가진 인간을 의미한다.

이러한 인간은 민주주의를 실현하는 데 있어 핵심적인 요건이다. 민주주의를 위협하는 해악 중의 하나는 부당한 권력과 권위의 행사로 인해 개인의 주체성이 침해되는 것이며 또 하나는 독단주의로 인해 자신과 다른 존재에 대한 부당한 배척과 차별, 박해 등이 이루어지는 것이다. 더욱 심각한 것은 권력과 독단주의가 손을 잡았을 때이다. 히틀러의 나치즘은 대표적인 예이다. 이러한 상황에서는 인간의 소외현상이 심화 확산되며 민주주의는 심각한 위기에 처하게 된다.

3) 교육관

앞에서 논의한 새로운 세계관과 인간관은 결국 새로운 교육관을 형성하는 근간이 된다.

(1) 소외로부터의 해방을 위한 교육

인간을 소외로부터 해방시키기 위해서는 우선 교육의 모습이 학생을 소외시키는 교육이 되지 말아야 한다. 학생은 교사, 학습내용, 학습방법, 학습환경 등으로부터 소외되지 말아야 한다. 다시 말하면, 이러한 요소들이 학생에게 유의미하게 받아들여지고 또한 학생과 상호작용할 수 있어야 된다는 것이다. 교사는 교사로서의 권위를 지닐 때 학생에게 유의미한 것이다. 교사의 권위는 그의 가르치는 능력 및 도덕성과 일관성을 바탕으로 한 신뢰로운 인격을 토대로 형성되며 권위가 학생에게 수용되었을 때 비로소 효력을 발휘하게 되는 것이다. 이러한 권위의 작용은 교사와 학생 간의 인간적 친밀성과 교사의 교육에 대한 열정과 헌신을 통해 더욱 촉진되고 그 교육적 성과를 높일 수 있게 된다.

가르치는 내용과 방법 역시 학생을 소외시키기 쉽다. 학생의 입장에서 볼 때, 배워도 이해하기 어렵고 그것을 왜 배워야 하는지 알지 못하며, 배우는 일로부터 기쁨이나 보람을 느끼지 못한다면 그는 학습으로부터 소외되어 있는 것이다. 이러한 상태로부터 학생을 벗어나도록 돕는 일은 교사의 책임이다. 교사는 학생들이 왜 그 내용을 배워야 하는지 이해할 수 있도록 하여야 하고 학생이 그 내용을 이해할 수 있는 방법으로 가르쳐야 한다. 더 나아가 학생들이 그 배움으로부터 기쁨과 보람을 느낄 수 있도록 해야 하는 것이다.

학생들은 또한 학습이 이루어지는 환경으로부터 소외되기 쉽다. 여기서 환경이란 물리적 환경, 인적(human) 환경, 문화적 환경 등을 포함한다. 자연환경 및 시설환경 등 물리적 환경이 학습의 형태와 성취도에 지대한 영향을 미친다는 것은 주지의 사실이며, 이러한 물리적 환경은 다시 인적 환경과 문화적 환경의 모습에도 영향을 미치게 된다. 시골의 소규모 학교에서 이루어지는 인간관계와 학교문화는 대도시의 대규모 학교의 그것과는 무척 다를 수 있다. 개인주의적, 이기주의적인 학교문화와 협동적, 참여적인 학교문화는 학습에 미치는 영향 면에서도 중대한 차이를 가져올 수 있다. 학생에 대한 선입견에 따른 차별적 관념, 인식, 태도 등이 존재하는 문화 속에서 많은 학생들은 소외되기 쉽다. 학생 개개인의 인격을 중시하고 다양한 특성에 따른 소질 계발과 개성의 발휘를 장려하는 문화와 획일적인 틀에 의한 학생평가와 그 서열에 따른 차별적 대우가 이루어지는 문화는 학생들의 학습활동과 그 성취도에 큰 차이를 가져올 수 있다.

교육은 이와 같이 여러 장면에서 '소외'라는 위협에 직면해 있다. 어느 한 장면에서의 소외의 존재는 학생의 학습에 중대한 영향을 미치게 되는 것이다. 소외된 학습 그 자체가 학습의 실패를 가져오기도 하지만 더욱 심각한 것은 그와 같이 지속되는 소외현상 속에서 학습자는 주체적인 학습자로서의 역할을 수행하기 어렵게 되며 그와 같은 상황은 인간의 수동성과 종속성, 또는 고립성과 배타성을 배태시키는 것이다. 결국 소외는 소외를 재생산하게 된다. 소외된 교사는 학생의 소외를 부르는 교육을 실시할 가능성이 높다. 인간의 태도는 학습되는 것이다. 소외도 학습되는 것이며 그것은 표면적 교육과정이 아니라 소외를 키우는 우리 학교의 잠재적 교육과정을 통해서 이루어지는 것이다.

(2) 도그마로부터의 해방

우리는 학생들에게 어떤 세계관을 가르칠 것인가? 우리는 이 세상의 절대적인 가치를 가르칠 것인가 아니면 상대성을 가르칠 것인가? 어떤 교육을 하는 것이 민주주의를 위해 바람직한 것인가? 어느 사회이든 그 사회가 신봉하는 가치가 있고 그 사회에서 주된 원칙으로 존중되고 준수되는 규범들이 있다. 교육은 이들을 자라나는 세대에 가르쳐야 하는 사회적 기능을 가지고 있으며 이로부터 자유로울 수는 없다. 문제는 우리 사회의 신념체제와 규범을 가르치되 이를 어떻게 가르쳐야 하는가에 있다. 진정한 교육은 '세뇌'하고는 다르다. 교육에 의해 신념체제를 가르친다는 것은 그것이 학습자의 주체적인 판단의 능력과 기회를 통해 이루어진다는 점에서 그러한 능력과 기회를 박탈하는 세뇌와 다르다. 민주주의는 그것이 강요되거나 세뇌되었을 때보다는 구성원들 각자의 주체적인 판단에 의해 선택되었을 때 비로소 그 생명력과 힘을 발휘할 수 있다. 다시 말하면 민주주의적 교육은 어느 하나의 신념체제만이 옳고 그와 다른 체제는 그르다고 가르치는 것이 아니라 무엇이 옳고 그른 체제인가를 합리적으로 판단하고 선택할 수 있는 개인의 능력을 함양하는 교육이라는 것이다. 이는 다시 한 사람의 판단과 선택이 절대적일 수 없고 다른 사람은 다른 판단과 선택을 할 수 있다는 상대성의 원리가 필수적으로 전제되는 것이다.

이와 같은 교육이 이루어지기 위해서는 앞에서 논의된 이분법적인 세계관은 교육에서 지양되어야 한다. 그것은 교육내용뿐만 아니라 교육방법에서도 적용되어야 한다. 또한 우리는 학생들의 학습에 영향을 미치는 학교문화를 포함한 잠재적 교육과정 속에 이분법적 사고를 배태시키는 요소가 있지 않은지 살펴보아야 한다. 우리는 연속선상의 정도의 문제에 대하여 OX식 정답을 요구하는 방식으로 가르치고 있지는 않은가? 상대적인 가치판단의 문제를 마치 절대적인 선과 악의 문제로 가르치는 것은 아닌가? 이분법적 사고는 우리를 쉽게 도그마(dogma)에 빠지게 한다. 우리는 크고 작은 도그마 속에 빠져 세상을 살아가고 있다. 그것들은 대부분 우리가 가진 편견, 고정관념, 정보의 부족, 막연한 추정, 제한된 개인적 경험, 상이한 존재에 대한 몰이해와 두려움 등에 근거하고 있다. 진정한 민주주의 교육은 개인들로 하여금 이러한 도그마를 극복할 수 있는 능력을 길러주는 것이어야 한다. 그러한 능력 중의 하나는 자신이 도그마에 빠져 있지 않은지 스스로 질문하고 답할 수 있는 능력이다. 나의 판단기준이 과연 옳은 것인가? 그것은 합리적인 근거에 의한 것인가? 그 근거는 충분한 경험적 증거들로 뒷받침되고 있는가? 내가 주장하는 것이 사실적 근거에 의한 것이 아니라 막연한 추정은 아닌가? 상대방은 왜 어떤 근거로 다른 주장을 하며 나의 주장 근거와 어떤 면에서 배치되는가? 왜 그런 차이점이 나타나게 되었는가? 등의 질문들은 자신이 도그마로부터 벗어나는 것을 도울 수 있을 것이다.

(3) 성장잠재력의 발현

교사와 학습자가 모두 소외와 독단으로부터 벗어난다면 우리는 학습자 개개인의 성장잠재력을 최대한으로 발휘할 수 있도록 하는 교육의 중요한 조건을 달성하는 것이다. 비로소 학습자가 교사, 학습내용과 방법, 학습환경과 유의미한 상호작용을 하면서 다양한 가치와 가능성을 탐구하면서 자신의 능력을 발전시켜 나갈 수 있는 여건이 성숙되는 것이다. 역사적으로 교육의 내용과 방법에 관한 여러 가지 아이디어가 제시되었으며 이들은 각자의 논거와 현실적 필요에 의하여 실제 교육에 적용되어 왔다. Kliebard(1995)는 미국 학교의 교육과정을 형성하는 데 기여해 온 주된 교육이념들을 제시하면서 이들은 인문주의자(humanist), 발달론자(developmentalist), 사회적 능률(social efficiency) 신봉자, 사회개량주의자(social meliorist) 등에 의해 주도되어 왔다고 지적한다. 이에 대하여 간단히 살펴보면, 인문주의자들은 학생들에게 서양의 고전과 지적 문화유산들을 가르침으로써 이성(reason)의 발달을 꾀해야 한다고 주장한다. 그들은 마치 학생의 두뇌도 근육을 단련하듯이 훈련시킴으로써 지적 능력을 향상시킬 수 있으며 그러한 훈련의 도구로 고전(古典)을 사용하고자 하는 입장이다. 따라서 이들을 정신훈련론자(mental disciplinarians)라고도 부른다. 발달론자(developmentalist)들은 20세기 초반 급속하게 발전된 인간에 대한 생리학적, 심리학적 지식을 바탕으로 하여 아동들의 생리적인 발달단계적 특성에 입각한 학습경험을 구성하여 제공함으로써 학습의 성과를 높일 수 있다고 생각하는 입장이며 행동주의적 학습이론을 신봉하는 학자, 교육자들에 의해 계승되고 있다.

사회적 능률(social efficiency) 주장자들은 학생들이 타고난 능력에 적합한 직업을 위해 준비하는 과정으로서 교육을 바라보며 이는 사회가 요구하는 인력을 양성하여 적재적소에 배치하는 것이 사회적 능률을 높이는 것이라고 보는 입장이다. 즉 교육은 기존 사회체제를 능률적으로 운영하기 위한 인력을 공급하는 수단으로서 기능하는 것이다. 직업기술교육은 특히 이 아이디어에 부합되는 교육이라고 할 수 있다. 사회개량주의자(social meliorist)들은 교육의 사회개량적 기능을 중시한다. 이들은 현재의 사회가 많은 문제점을 지니고 있다고 보며 학교는 학생들로 하여금 사회에 진출하여 이러한 문제들을 개선해 나갈 수 있는 역량을 배양하여야 한다는 입장이다. 더 나아가 교육자들이 사회문제 해결을 위한 선도자의 역할을 하여야 한다는 보다 급진적인 주장도 이에 해당된다고 볼 수 있다.

이러한 입장들은 각자 나름대로 타당성을 인정받아 왔으며 실제로 미국뿐만 아니라 많은 나라의 교육체제에 있어 교육의 내용과 학교의 역할을 규정짓는 데 기여해 온 사고들이며 우리의 교육도 예외는 아니다. 그러나 이들은 민주주의를 위한 교육의 관점에서는 분명한 한계를 지니고 있는 것이 사실이다. 인문주의자와 발달론자들의 주장은 학습자를 교육의 수동적 객체로 보며 능동적인 학습의 주체로서의 개념은 배제되어 있다. 그것은 학습자들로 하여금 사전에 정해진 교육내용을 어떻게 수용하게 할 것인가에 초점을 맞추는 반면 개개인이 타고난 성장잠재력을 어떻게 발현시킬 수 있는가에 대한 인식은 미약하다.

사회적 능률 신봉자와 사회개량주의자들의 주장은 교육이 사회의 유지 발전에 기여하기 위한 도구적 역할 수행에 초점을 두고 있는 반면 이들 역시 교육의 내재적 목적, 즉 교육을 통한 개인의 잠재력 개발과 자아실현이라는 관점은 도외시하고 있다. 이들 네 가지의 중요한 아이디어들은 결국 학습자의 능동적 주체성을 간과하거나 교육의 외재적 목적만을 중시하는 반면에 학습자의 능동적 학습활동을 통한 지적 발전과 성장, 그리고 이러한 개인적 성장과 사회발전과의 상호작용이라는 역동성을 바라보지 못하는 한계를 지니고 있다는 것이다. 전통적인 교육사상, 그리고 20세기에 들어와 발달된 행동주의적(behaviorist) 학습이론 등의 특징은 학습자의 두뇌 속을 빈 그릇(empty vessel) 또는 백지상태(tabula rasa)로 보고 여기에 어떤 내용을 담을 것인가 혹은 어떤 색깔의 무늬를 그려 넣을 것인가 하는 고민을 해왔다. 학습자 개인은 수동적으로 주어지는 것을 받아들이는 용기(container)의 역할에 그치는 것이다. 이러한 사고방식에 문제를 제기한 사람으로는 John Dewey가 대표적이다.

Dewey(1916)는 사고(thinking)과정 속에서 학습자들은 자신이 지니고 있는 자연적 능력(native ability)을 통해 학습내용을 재조직(reorganize)하고 방향을 새로 설정(redirect)하는 지적 기능을 수행한다고 한다. 사고란 자신이 하고 있는 일과 그 결과 간의 특별한 연계성을 발견하고자 하는 의도적인 노력이다. 사고는 경험 속에서 일어난다. 학습자들이 연계성을 찾고자 하는 능동적인 노력(trying)은 실제로 일어나는 일의 수동적 경험(undergoing)과 동시에 진행된다. 이러한 두 가지 요소의 연속적인 상호작용을 통해 사고의 완성이 이루어진다. 의례적이거나 변덕스러운 행동은 이러한 사고에 기초하지 않은 것이다. 이러한 행동에는 자신의 행동과 그 결과 간의 연계성에 대한 이해가 결여되어 있다. 사고의 대상은 정지되어 있는 것이 아니라 진행되고 있는 것이다. 학습자가 관심을 두는 것은 어떤 일이 벌어지고 있고 그 결과는 무엇이 될 것인지에 관한 것이다. 그것은 정지된 사물을 단순히 끌어 모아 놓은 것과는 다르다.

Dewey(1916)는 상황이 불확실하고 의문스러우며 문제가 있을 때 사고가 시작된다고 한다. 이러한 관점에서 사고는 탐색, 조사의 성격을 지니며 사물의 안을 들여다보는 것이다. 사고의 결론은 항상 가설적이며 그것은 실제의 결과에 의해 확정된다. 이러한 면에서 볼 때 학습자의 사고란 과학자의 과학적 탐구과정과 본질적으로 유사하다. 가설은 기존의 지식을 통해 설정된다. 따라서 지식은 사고의 매체가 되며 지식 자체는 학습의 목적이 아니라 수단이 되는 것이다. 학습자는 자신이 풀어야 할 문제가 있을 때 사고를 하게 되며 사고를 통해 학습을 하게 된다.

교육의 목적 중의 하나는 학습자로 하여금 좋은 사고의 습관을 갖도록 하는 것이다. 사고는 지적 경험의 한 방법이다. 경험은 주어진 것을 단순히 받아들이는 것이 아니라 주어진 상황에서 어떤 일을 수행하는 가운데 자연스럽게 이루어지는 것이다. 자신의 문제를 해결하기 위해 노력하는 가운데 학습자는 사물의 연관성을 이해하게 된다. 그는 먼저 질문을 정의하고, 명료화하여 제기한다. 다음에는 해답을 찾기 위해 투사(projection), 발명(invention, ingenuity), 고안(devising) 등의 방법을 사용한다. 학습자들은 이러한 과정을 통해 자신이 이미 알고 있고 익숙한 것들을 바탕으로 새로운 것의 의미를 찾아나간다. 교육은 이와 같은 사고의 과정에 대한 이해를 바탕으로 이루어져야 한다. Dewey는 학습자와 학습대상의 분리라는 이분법적 사고를 버리고 학습자가 대상과 상호작용하면서 그 대상의 의미와 그 안의 연계성을 찾아나가는 사고과정을 통하여 학습이 이루어진다고 본다. 즉 학습이란 학습내용을 학습자의 빈 그릇 속에 담는 것이 아니라 학습자가 문제해결을 위해 사고하는 가운데 구성되는 것이라는 점에서 Dewey의 학습이론은 구성주의적이다.

Dewey는 이와 같은 교육이 민주주의를 위한 방향이라 생각하였다. Freire(1970) 역시 교육이란 학습자의 독립적이고 주체적인 사고능력을 기르는 것이 중요하다고 지적하며 학습자를 수동적이고 종속적인 존재로 만드는 '은행저금식 교육(banking concept of education)'의 폐해를 지적하였다. 결국 민주주의를 위한 교육은 학습자의 성장잠재력을 존중하고 그 최대한의 발현을 위한 기회와 여건을 제공하는 것이며 그러한 잠재력의 개발이란 학습자의 능동적인 사고를 통한 지적 능력의 발전을 통해 이루어질 수 있다는 것이다. 그러한 발전에 도움을 주기 위한 적절한 학습경험의 제공이 교육의 주된 기능이 되어야 하며, 이를 위해서는 교육자 및 학교교육을 관리하는 모든 사람들의 이러한 교육의 본질과 방향에 대한 이해가 선행되어야 할 것이다.

4. 결 론

우리의 교육관을 지배하는 것은 우리의 세계관과 인간관이다. 우리가 세상과 인간을 어떤 시각에서 바라보는가에 따라 우리가 교육에서 추구하는 가치도 결정된다. 세상을 기계적, 고정적, 대립적으로 바라보고 인간을 도구적, 주변적으로 바라보는 한 우리의 교육은 그 틀에서 벗어날 수 없다. 그와 같은 관점은 우리의 교육정책과 교육체제를 구성하는 원리로 작동하게 된다. 그러한 원리가 초래하는 결과는 인간의 소외와 독선이며 그것이 교육을 움직이는 지배적 원리로서 암묵적으로 작용하는 한 소외와 독선은 점점 더 확산 심화되게 된다. 무엇보다 문제가 되는 것은 우리가 이러한 낡은 패러다임 속에 빠져 있다는 것을 스스로 인식하지 못한다는 것이다. 이러한 상태에서는 어떠한 부분적인 노력도 허공에 맴도는 메아리로 끝날 수밖에 없다. 우리는 이러한 틀로부터 벗어나야 하며 그러기 위해서는 우리 스스로에 대한 뼈를 깎는 성찰이 필요하며 그에 기초한 과감한 자기혁신의 노력이 필요하다. 교육이 이루어지는 체제와 교육의 내용과 방법은 본질적으로 도덕적이며 인간적이어야 한다. 이러한 원리에 토대를 두지 않는다면 그것은 교육이기를 포기한 것이다. 애석하게도 우리 교육체제를 지배하고 있는 패러다임은 그러한 원리를 심각한 수준으로 결여하고 있다. 새로운 패러다임은 우리의 교육체제를 바로 세우고 흔들리는 학교교육을 바로잡으며 방황하는 교사, 학생, 학부모에게 희망을 주고 길을 열어주는 출발점이 되어야 한다.

교육변화의 키워드

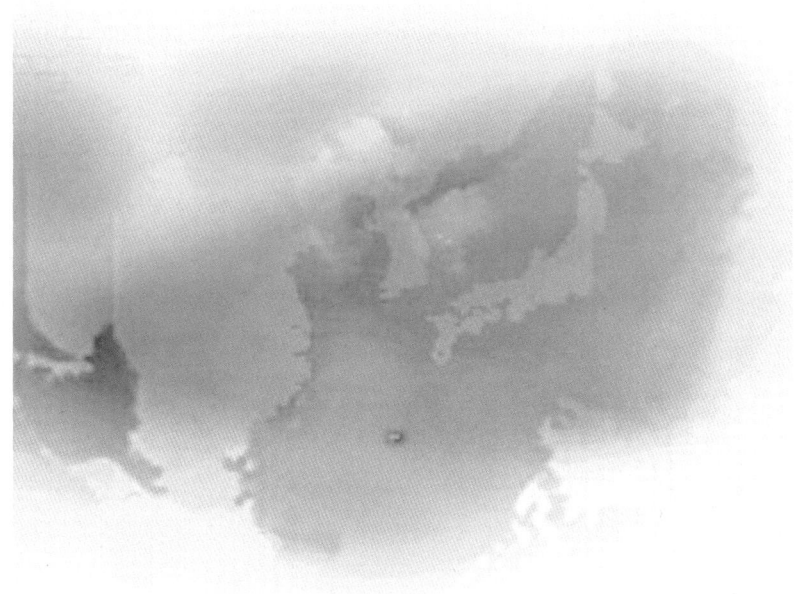

제 6 장 ┃ 교육변화의 키워드

　기존 개혁 메커니즘의 문제는 결국 현장에서 개혁을 실천해야 할 교사들을 동기부여하는 데 있어 심각한 결함을 안고 있다는 것이다. 수많은 개혁 노력이 있어 왔고 많은 자원과 시간이 투자되었음에도 학교교육이 그다지 바뀌지 않는 것은 개혁의 내용보다도 개혁이 추진되는 방식에 문제가 있다고 볼 수 있다. 그것은 개혁을 설계하고 주도하는 사람들의 기본적인 가정과 그에 기초한 접근법이 개혁이 구체적으로 실행되는 현장의 교사들이 형성하는 주관적인 현실과 불일치하는 데서 비롯되며, 기존의 방식에 의하여 부과되는 개혁과제와 그를 둘러싼 업무체제 속에서 교사들이 갖는 경험이 그들에게 유의미(meaningful)하게 받아들여지지 못하기 때문에 동기유발이 제대로 이루어지지 않는 것이다.

　이에 대한 우리의 대응 방향은 교육개혁 노력이 교사들의 동기유발을 통해 성공할 수 있도록 개혁 패러다임을 전환하는 것이다. 기존의 패러다임을 그대로 고수하면서 문제를 해결할 수는 없다. 패러다임의 전환은 앞 장에서 논의된 새로운 패러다임의 원칙을 바탕으로 이루어져야 한다. 그것은 우리의 세계관, 인간관, 교육관을 새로이 정립하는 작업이다. 이 장에서는 이러한 새로운 관점에서 의미 있는 교육변화를 실현하기 위한 요건을 제시하고자 한다.

1. 주관적 현실에 대한 정책 초점

인간행동은 자신이 인식하는 주관적인 현실, 즉 자기가 놓여 있는 상황에서 자신이 경험하는 주관적인 세계(subjective realities)를 바탕으로 이루어진다. 교육정책이 교육현장에서의 인간행동의 변화를 의도하는 것이라면 현장에 있는 사람들의 주관적인 현실을 정확히 이해하는 데서 출발해야 한다. 객관적으로는 동일한 조건에서도 사람들은 서로 다른 주관적인 현실을 가지고 있을 수 있으며 그에 따라 동일한 과제에 대하여도 서로 다른 인식과 반응을 보이게 된다. 이러한 점을 간과한 정책은 그 결과를 예측할 수도 없을 뿐만 아니라 나타난 결과에 대한 효과적인 대응책도 마련할 수 없게 된다. 현장에 있는 사람들의 주관적인 현실에 대하여 제대로 알지 못하고 정책을 추진하는 것은 마치 장님이 지팡이 없이 길을 나서는 것과 같다. 이와 관련, 정책담당자들은 질적인 접근법을 통한 정책연구를 확대할 필요가 있으며 선입견을 버리고 내부자 관점(insider's viewpoint)을 이해하기 위한 다각적인 노력을 강구하여야 한다. 이러한 노력은 현장의 교사들을 이해하여 정책의 타당성을 높이는 데 도움이 될 뿐만 아니라 진지한 대화를 통해 신뢰로운 관계를 구축하는 출발점이 될 수 있다.

주관적인 세계를 이해한다는 것은 그들의 인지모형(mental model) 또는 집단적으로 공유하는 문화모형(cultural model)을 이해한다는 말과 같다. 그것은 그들이 세상을 어떻게 인식하고 무엇에 가치를 부여하며 어떤 사고와 행동양식에 의해 움직이는가에 대한 심층적인 이해를 바탕으로 가능하다. 이를 위해서는 그들의 인지모형 및 문화 모형이 어떤 역사적, 상황적, 문화적 배경에서 연유하였는가에 대한 탐색이 이루어져야 하며 그들의 가치, 신념, 욕구, 정서 등에 대한 공감과 이해를 필요로 한다.

2. 변화를 위한 교사의 학습

교사들의 행동변화는 곧 교사들의 학습을 통해 이루어지며 학습이란 새로운 변화에 대한 의미부여 과정임을 지적한 바 있다. 교사들은 그것을 인식하고 해석하며 그에 따라 반응을 보이는데 이는 행동, 태도, 정서적인 양태로 나타난다. 해석의 기준이 되는 것은 변화과제의 유의미성이며 이에 대한 판단은 그들의 욕구, 가치관, 신념, 기대 등에 좌우된다. 이러한 학습은 일회적인 사건으로 일어나는 것이 아니라 일련의 경험을 통해 이루어지는 과정이며 따라서 기본적으로 어느 정도의 시간을 요구한다. 성공적인 변화는 자신의 학습을 완성해가는 과정을 통해 이루어지며 그것이 외양과 형식의 수준을 넘어 신념의 변화단계까지 이를 때 비로소 지속가능한 새로운 행동변화로 정착될 수 있게 된다. 따라서 변화의 핵심요소는 그 변화의 유의미성, 학습경험의 기회와 여건, 그리고 학습완성을 위한 시간의 확보이다.

3. 변화의 시작은 현장으로부터
−연속성과 연계성의 확보

학교현장의 절실한 필요에서가 아니라 외부 원천으로부터 시작되어 하향식으로 학교에 전달되는 외발적인(external)인 개혁 아이디어들은 현장 교사들이 지금까지 해 온 것과의 연속성과 연계성을 결여할 가능성이 높기 때문에 교사들이 그 개혁과제에 대한 의미를 부여하는 데 있어 어려움을 겪게 되고 또한 Dewey가 지적한 바와 같이 과제 수행에 있어 교사들의 지적 역량을 극대화시키지 못하게 된다. 또한, 교사들은 이러한 과제를 수행하는 데 많은 시간과 노력을 투입하는 반면 자신들이 중요하다고 생각하는 과업에 상대적으로 소홀하게 된다.

따라서 학교교육의 변화를 위한 개혁과제는 학교현장에서 발굴되고 형성되어야 한다. 학교교육의 문제는 교사들 스스로가 가장 정확하게 파악하고 있으며 그들의 손을 거쳐 해결될 수밖에 없다. 교사들이 절실하게 느끼는 문제들로부터 변화의 시작이 이루어져야 한다. 교사들 스스로 또는 학교단위에서 해결될 수 없는 문제들이 수렴되어 행정적, 제도적인 과제로 추출되는 개혁과제의 귀납적인 형성이 이루어져야 한다. 하향식(top−down)을 지양하고 상향식(bottom−up)의 접근이 이루어져야 하는 당위성은 여기에 있다. 이러한 방식으로 도출된 개혁과제는 교사들에게 연속성과 연계성을 부여할 수 있으며 개혁과제를 유의미하게 만들 수 있는 필수불가결한 조건이 된다.

4. 창조, 재창조(reinvention)로서의 변화과정

어떤 개혁과제이든 그것이 개개인 교사들에게 받아들여지고 실천되는 것은 교사들에게는 매우 개인적인(personal) 것이다. 교사들은 자신들의 현실적인 여건-능력, 지원체제, 조직환경 등-속에서 새로운 과제에 대한 재정의(redefinition)를 내리고 채택 여부 및 그 정도를 결정한다. 자신이 놓여 있는 상황에서 현실과의 타협 또는 수용이 이루어지며 이러한 과정에서 개혁안은 수정 또는 재창조된다.

중요한 것은 정책결정자들이 이러한 개혁실행과정의 속성을 이해하는 것이다. 정책과제는 그것을 받아들이는 교사들의 주관적 현실, 그리고 그에 직접 영향을 미치는 현장조건(local context) 속에서 재창조된다. 자신이 시달한 정책안이 그러한 다양한 조건에 상관없이 획일적으로 실행되기를 바라는 것은 매우 비현실적인 기대이며, 오히려 그것이 다양한 형태로 나타나기를 기대하는 것이 현실적인 동시에 궁극적으로 정책 효과를 거둘 수 있는 실용적인 관점이라 할 수 있다. 정책실행과정을 단순히 공식화하고 그 내용을 표준화하여 획일적인 것을 기대하고 그에 대한 일탈을 방지하기 위해 노력하는 접근법은 실패를 예약하는 것이나 마찬가지이다. 중요한 것은 본질이지 형태가 아니다. 정책의 본래 취지는 살리되 학교의 서로 다른 현실여건을 고려하여 다양성을 인정하고 기대하는 신축성 있는 정책실행은 현장 교사들에게 의미 있는 변화노력을 기대하기 위한 또 하나의 중요한 조건이 된다.

5. 업무체제 내의 일관성(coherency)

　교사들이 처하는 현실에서의 여러 가지 비일관적인 요소들은 그들의 변화노력을 저해하는 또 하나의 중요한 걸림돌이다. 교육개혁이 성공하기 위해서는 교사들의 업무체제가 의도하는 변화의 방향으로 초점이 맞춰져야 한다. 그들이 의미를 부여하고 실천하는 일과 그들에 대한 평가기준은 일치해야 한다. 서로 모순 상충되는 역할이나 교육방법, 가치, 기준 등에 대하여는 최대한 공감대(consensus)를 찾아내어 교사들이 딜레마에 놓이는 상황을 해소하여야 한다. 일관성(coherency)을 높이는 것은 학교에서 나타나는 형식주의를 해소하는 방안으로서 또한 의미를 지닌다. 교육의 본질과 형식이 유리될 때 본질은 훼손되고 형식주의가 횡행하게 된다. 본질 추구에 도움이 되지 않는 형식은 형식으로서의 의미를 더 이상 지니지 못하나 사람들은 종종 형식의 노예가 되어 본질을 소홀히 하게 된다. 이러한 상황에서 교사들은 내재적 동기에 충실한 의미 있는 과업 수행을 할 수 없게 되고 실질적인 교육의 진전을 실현할 수 없다. 개혁과정과 학교교육 체제 내에 존재하는 비일관적인 요소들을 해소하고 변화노력에 초점을 맞춘 개혁 메커니즘을 수립하는 것은 교사들의 동기부여를 위한 절실한 과제이다.

6. 새로운 시간 개념

교사들은 나름대로의 주관적인 시간개념(subjective time frame) 속
에서 일하고 있으며 그것은 그들이 하는 일의 속성과 밀접하게 연관
된다. 그들에게 중요한 것은 객관적 시간이 아니라 그들이 인식하는
주관적 시간이다. 이는 자신들이 당면한 과제와 역할을 수행하는 데
있어 우선순위, 시간배분, 과업완성에 소요되는 시간, 시간활용의 능
률성 등과 연관되며 교사들은 자신들의 전체 업무 속에서 주관적으
로 설정하는 현실적인 시간활용계획을 가지고 있다. 문제는 정책결
정가나 행정가들은 자신들이 추진하는 과제의 관점에서만 부분적으
로 교사의 일을 바라보며 자신들이 요구하는 스케줄에 맞추어 교사
들이 일해 줄 것을 바란다는 점이다. 여러 가지의 과제들이 동시에
교사들에게 부과되며 각각 요구하는 스케줄이 있다. 더구나 교실과
멀리 떨어져 있는 행정가들은 학교에서의 시간 진행이 너무 느리다
고 보는 경향이 있다(administrator's impatience). 이러한 외부로부터
의 시간적 요구는 교사가 지닌 주관적 시간의 틀(frame)을 방해하기
쉽다. 또한 교사는 개혁과제가 늘어날수록 업무부담에 시달리게 된
다. 시간의 부족은 교사가 겪는 고질적인 현상이며 자신의 과업을
완성시키지 못하고 있다는 죄책감을 갖게 하고 형식적 업무처리를
초래하는 중요한 원인이 된다.

교사의 변화노력은 학습의 과정을 통해 이루어지며 학습에는 시간
이 소요된다. 학습시간의 부족은 교육개혁이 겉돌게 되는 원인 중의
하나이다. 너무나 많은 과제가 동시에 주어지는 데서 문제가 나타나

기도 하지만 가르치는 일과 상관없는 무의미한 문서처리 등과 같은 잡무가 시간을 빼앗아간다. 또한 외부기관 등에서 요구하는 업무처리 시간이 너무 급박하여 교사들에게 어려움을 주고 가르치는 일에까지 부정적인 영향을 주기도 한다. 교육개혁이 성공하기 위해서는 교사로 하여금 의미 있는 변화노력에 집중할 수 있는 시간적 여건을 마련해 주어야 한다. 이를 위해 교사들에게 요구되고 또한 그들이 중시하는 시간개념(time frame)은 무엇이며, 외부로부터의 어떤 시간적 요구가 교사들의 바람직한 시간활용을 저해하고 있는가를 분석할 필요가 있다.

7. 전문직 문화의 형성

이상의 논의들은 주로 정책결정자나 행정가와 같은 개혁주도자들이 채택하여야 할 새로운 접근법에 대한 것이었다. 그렇다면 교사들은 어떤 노력을 하여야 하는가? 교사들은 어떤 방향에서 어떤 방식으로 교육변화 노력을 경주해야 할 것인가?

교사의 일이 어느 정도 전문직 성격을 지니며 전문직으로 발전되는 것이 바람직하다는 의견에 반대하는 사람은 별로 없을 것이다. 전문직은 그 직업에 진입하기 위해 오랜 준비 기간 동안 교육훈련과정을 거치며, 전문지식과 기술, 경험을 바탕으로 그 능력이 형성되고, 직업에 종사하는 사람들 스스로 엄격한 직업윤리를 설정하고 자율적 통제가 이루어지며, 동료 간의 평가를 중시하고, 고객에게 봉사하는 소명을 갖는다는 것을 특징으로 한다. 전형적인 전문직의 기준에서 볼 때 교직은 현실적으로는 그 요건을 충분히 갖추지 못하는 경우들이 나타난다. 그것은 교원의 수급상황, 양성 연수 체제의 미흡, 학교 조직의 관료제적 통제, 교원의 공직자 신분, 교육에 미치는 정치적 영향 등과 밀접하게 관련된다.

현실적인 어려움이 있음에도 불구하고 교직이 나아가야 할 방향은 전문직화(professionalization)이다. 이는 새로운 개혁 패러다임과 개념적, 실천적으로 그 맥락을 같이하는 것이다. 관료제 속의 수동적인 통제대상으로서 주체의식을 결여한 채 일방적으로 부과되는 과다한 그러나 무의미한 과제를 수행하며 불만과 회의를 지닌 채 본연의 업무의 질을 낮추는 상황을 탈피하는 길은 관료제적 통제보다는 전문직 스스로의 기준에 따른 자율적 통제를 따르고, 외부로부터 부과되는 과업을 수동적으로 이행하기보다는 주체적으로 과업을 설정하고 능동적으로 실천하며, 상부기관에 대한 책무성보다는 고객에 대한 책무성을 더욱 중시하는 것이다. 그리하여 자신이 하는 일의 주인이 되고 스스로 자율적인 통제로 전문적 능력과 도덕성을 유지 발전시켜 업무의 질을 향상시킴으로써 고객에 보다 나은 서비스를 제공하고 자신의 일로부터 성취감과 긍지를 얻는 것이 전문직화의 방향이다.

여기서 중요한 요건이 되는 것은 '자율'과 '책임'이다. 관료제 속에서는 자율이 제한되는 반면 책임도 부분적이며 유한하다. 어느 면에서는 이러한 체제 속에서 사람들은 더 편하고 안전할 수도 있다. 그러나 그것에 안주하는 것은 전문직이기를 포기하는 것이며 더 큰 문제는 지금까지의 논의에서 알 수 있듯이 그러한 시스템이 교육의 진정한 변화노력에 도움을 주지 못하고 오히려 이를 저해한다는 것이다. 따라서 전문직화로 가는 것은 학교교육과 교직이 발전할 수 있는 유일한 방향이며 자율과 책임도 받아들이지 않으면 안 된다.

'협동'은 전문 조직화된 학교가 실행해야 할 또 하나의 과제이다. 경험적으로 볼 때 의미 있는 교육변화를 성취한 학교들의 공통점은 개인주의보다는 협동적인 문화를 형성하고 있는 경우가 많다. 협동은 조직 내의 갈등을 완화 해소하고 공감대를 이루어냄으로써 응집된 변화노력을 가능케 하고 구성원 간의 상호작용을 활성화하여 의사소통을 촉진시킴으로써 변화의 전파 속도를 높이는 효과가 있다. 협동은 또한 전문직 종사자 간의 자기계발 노력의 중요한 형태가 된다. 지식, 기술, 경험의 상호 교환을 통한 전문적 역량 신장은 이미 많은 교사들이 그 가치를 인정하고 있다.

교직의 전문직화는 또한 현재 문제가 되고 있는 교원의 권위와 지위 하락에 대한 유일한 대처 방안이다. 교원의 권위와 지위는 국가가 특별법을 제정하고 보수를 올려주는 방법으로 향상될 수 없다. 교원의 권위는 본질적으로 학생과의 관계에서 나온다. 환자를 잘 고치는 의사가 의사로서의 권위를 지니듯이 교사도 학생을 지도하는 능력에서 권위가 나오는 것이다. 권위의 요소는 능력과 도덕성을 바탕으로 한 신뢰(trust)이다. 학생이 교사의 능력과 도덕성을 인정할 때 교사와 학생 간에 신뢰가 형성되며 비로소 교사의 권위가 수용되는 것이다. 교사의 지위는 결국 교사의 권위를 반영하는 것이다.

교직을 전문직화하는 것은 교사의 권위를 향상시키기 위한 요건을 갖추는 길이다. 전문직이 전문직으로서 인정받는 것은 그 권위의 근거가 되는 전문적 능력과 도덕성 때문인 것이다. 교사의 권위는 결국 교사 스스로 세울 수밖에 없는 것이다. 교사들이 자신의 현실적 이익에 집착하고 이를 집단적으로 획득하려는 노동조합적인 노력은 이러한 전문직화 방향과 항상 일치하지는 않는다. 자신의 이익을 옹호하면 할수록 자신의 권위와 지위가 오히려 떨어지는 역설적인 현상이 나타난다(Evans, 1996). 교직의 권위와 지위를 높이는 길은 바로 교육의 본질로 돌아가는 것이다.

정치가와 행정가가 교직의 전문직화를 돕는 길은 행정적, 제도적으로 전문직의 요건이 갖추어질 수 있도록 환경을 조성하는 것이다. 교사들이 전문적 역량과 도덕성을 확보하는 데 장애가 되는 요소들을 해소하고 자율과 책임을 존중하며 협동이 촉진될 수 있도록 옆에서 돕는 것이다. 중요한 것은 이러한 전문직화를 위한 교사들 스스로의 노력과 행정적인 지원이 지속되고 상승적으로 작용하여 학교체제 내에 전문직 문화(professional culture)가 형성되는 것이다. 이러한 문화 속에서는 전문직적인 사고와 행동이 자동적으로 이루어지며 이를 손상하는 어떤 움직임도 배격된다. 업무의 질을 향상시켜 고객에게 양질의 서비스를 제공하고자 하는 전문직 본연의 노력이 장려되고 추구된다. 학교교육의 질적 향상과 교사들의 전문적 권위의 회복은 이러한 문화 속에서 그 희망을 찾을 수 있다.

8. 새로운 지도성 – 변화지향의 지도성(transformational leadership)

　　교육의 변화를 현장에서 일어나도록 하는 데 결정적인 역할을 수행하는 사람은 학교의 지도자들이다. 이들은 교장, 교감 및 실제로 지도력을 발휘하는 교사들이다. 그중에서도 교장의 중요성은 더 말할 나위없다. 이들은 변화관리자(change agent), 혁신가(innovator) 또는 혁신선도자(early adopter)로서의 역할을 수행한다(Rogers, 1995). 이들이 지도성을 발휘하는 데 있어서 관리 모드(mode)를 사용하는가 변화 모드를 사용하는가의 여부는 그 학교의 변화 성공 가능성을 좌우한다. 이들이 관리적 모드에 의존하여 지도성을 발휘하는 한 새로운 변화의 도입은 상당히 어렵다. 이는 그들이 변화를 원하는가 원하지 않는가의 여부와는 별개의 문제이다. 문제가 되는 것은 그들이 생각하고 행동하는 패러다임이 어떠한가 하는 것이다. 이들이 합리적 – 구조적 패러다임에 입각하고 있다면 그들의 지도성은 관리 모드에 의하여 작용할 가능성이 높은 것이다. 그러한 모드 속에서는 질서와 안정, 감독과 통제, 능률과 합리성, 외재적 보상과 제재 등이 중시되는데 이는 앞에서도 논의된 바와 같이 학교 내 구성원의 새로운 변화를 위한 동기부여를 위해서는 매우 부족한 것이며 그것은 현상을 유지하는 데 필요한 요소들이다.

　　변화지향의 새로운 지도성은 새로운 패러다임에 입각해야 한다. 상황에 따른 지도성 유형의 변화, 동기부여를 위한 다양한 기술(skill)들은 그 필요성이 인정되나 이들이 새로운 패러다임에 확고한 바탕을 두고 자연스럽게 나타나는 것이 아니라면 그 효용성에 한계가 나타나며 그 생명력이 오래가지 못할 것이다. 조직을 리드한다는 것은 한 개인이 다른 구성원들과 급박하고 다양하며 예측불가능하고 구체적인 상황의 순간순간 속에서 인격적으로 상호작용하면서 이루어지는 것이다(Evans, 1996). 그것은 예컨대 "효과적 지도자의 역할"이라는 목록(list of functions)을 가지고 다니면서 필요할 때 하나씩 사용하면 되는 그러한 차원이 아니다. 그것은 지도자의 세계관과 인간관, 교육관으로 이루어지는 사고체계 즉, 패러다임에서 비롯되는 현실인식과 의미부여, 가치판단, 상황판단과 행동의 결정을 통해 나타나는 자연스러운 작용이다. 그것은 결국 지도자의 전체 인격으로부터 나오는 것이며 단순한 기술 적용의 차원과는 다른 것이다.

새로운 패러다임에 바탕을 둔 지도성은 followership을 중요한 요소로 한다.[12] followership이란 지도자의 지시를 맹목적으로 따르는 것이 아니라 구성원들 스스로의 필요성에 기초하여 자신들의 추구하는 가치를 중시하고 이를 실현하기 위한 유목적적인 과업을 주체적으로 결정하고 행하는 것이다(Evans, 1996). 지도자의 역할은 구성원들에게 어떤 일을 하도록 시키는 것(get people to do)이 아니라 구성원들 스스로 그 일을 하기 원하도록 하는 것(get people to want to do)이다. 관리모드에서는 하급자(subordinates)로 하여금 어떤 일을 하도록 시키는 것으로 '관리자(manager)'의 역할이 끝나지만 변화모드에서는 구성원(follower)들로 하여금 어떤 목적을 달성하기 위해 스스로 노력하도록 하는 것이 '지도자(leader)'의 역할이 된다. followe-

---

12) followership에 대한 적절한 번역이 어려워 원어를 그대로 사용함.

rship을 바탕으로 지도자는 구성원의 진정한 참여(real engagement), 순수한 투자(genuine investment), 가외의 특별한 노력(extra effort)을 끌어낼 수 있게 된다. 관리모드에서의 하급자는 자기가 생각하는 것과 상관없이 관리자의 지시를 이행하게 되므로 스스로의 판단에 따른 행동이 이루어지지 않으며 이는 진정한 동기부여의 요소들을 결여하게 되는 것이다. followership에 바탕을 둔 지도성이 이루어지는 곳에서 구성원들은 목적과 원칙에 충실하고 헌신하게 되며 자신을 스스로 관리할 수 있는 능력을 지니게 된다. 그들의 행동은 내재적 동기에 기초한 열정(enthusiasm)과 열망(desire)을 바탕으로 나타나게 된다.

지도자의 권위와 영향력은 어디에서 비롯되는가? 지도자의 영향력은 권위에서 나오며 권위는 그의 전문적 능력, 도덕성을 바탕으로 한 인격, 일관성 있는 언행에 대한 신뢰에서 나온다. 전문적 능력은 경험과 연구를 바탕으로 자신에게 내면화, 체화되어 있는 것으로서 현장의 문제를 해결해 나가는 실전적 능력이다. 지도자의 문제해결력은 곧 구성원들이 문제를 인식하고 해결해 나갈 수 있도록 도와줄 수 있는 능력을 그 핵심으로 한다. 도덕적 인격은 지도자가 구성원들에게 도덕적 요구를 하여야 하는 상황에서는 더욱 필수불가결하다. 학교와 같이 구성원의 도덕성이 요구되는 교육조직에서는 이는 빼놓을 수 없는 지도자의 요건이 된다. 일관된 언행은 신뢰를 얻는 데 가장 기본적인 요소이다. 지도자는 항상 구성원에 의해 관찰된다. 그의 가치관과 인격, 말과 행동은 모두 빠짐없이 관찰되고 평가된다. 여기에 어떤 모순과 불일치가 보이게 되면 구성원들은 지도자에게 주려던 그들의 신뢰를 유보하게 된다. 때에 따라서는 이미 주었던 신뢰마저 회수하게 되는 것이다. 지도자가 위의 요건을 갖추게 되면 구성원들은 그에 대한 신뢰감을 갖게 되는데 이때부터 지도자의 권위가 수용되고 그의 영향력이 발휘되기 시작하는 것이다.

그렇다면 새로운 패러다임에 입각한 변화지향의 지도성(transformational leadership)은 구체적으로 어떻게 발휘되어야 하는가? 이러한 지도자가 하여야 할 일은 무엇인가?

- 합리적-구조적 패러다임 및 관리모드의 문제점, 변화의 장애요소 인식
- 교육변화의 속성과 과정의 이해
- 구성원의 인지모형(mental model)과 주관적 현실, 조직문화에 대한 이해
- 자신의 조직이 놓여 있는 현장조건(local context)의 속성과 제약에 대한 인식

지도자는 기본적으로 위의 4가지 사항에 대한 깊은 지식과 이해를 가지고 있어야 한다. 이들은 그가 변화지향의 지도성을 발휘하는 데 있어 기초토대(foundation)를 형성한다. 허약한 토대는 현실적인 난관에 봉착했을 때 그의 신념과 의지를 약하게 하고 구체적인 판단기준을 흐리게 함으로써 지도자로서의 역량 발휘를 어렵게 한다. 튼튼한 토대는 그에게 정확한 문제 인식과 방향 설정, 현실적이고 실용적인 대안 모색, 구성원에게 유의미한 변화과제의 도출과 방안 제시 등을 가능케 한다.

Covey(1997)는 지도자의 역할로 방향제시(path-finding), 한 방향

정렬(aligning), 권한위임(empowering)을 들고 있다. 변화지향의 지도성은 권한위임에 바탕을 둔다. 즉 구성원들로 하여금 현재의 문제점과 변화의 필요성을 느끼게 하고 followership을 바탕으로 구성원들 스스로 변화를 위한 과제를 설정하고 이를 실행하기 위한 노력을 기울이도록 동기부여하는 것이다. Evans(1996)는 이러한 지도자의 행동을 '목적의식 부여하기(purposing)'이라 부르는데 이는 구성원들이 목적의식을 갖도록 이끄는 것, 즉 자신들이 추구하는 것에 의미를 부여토록 하는 것을 말한다. 여기서 중요한 것은 변화를 통해 실현하고자 하는 미래에의 비전(vision)과 그에 도달하기 위한 길(path)을 구성원에게 제시하여 주는 것이다. 변화한다는 것은 일상적인 노력만으로는 어려운 경우가 많으며 대부분 의미 있는 변화는 구성원들의 특별한 노력을 요구하는 경우가 많다. 특별한 노력을 투입하고서라도 그것을 달성하고자 하는 강력한 의욕을 지속시키기 위해서는 미래에 대한 높은 희망과 현재에 대한 심각한 문제인식, 중요하고 절실하며 의미 있는 실천과제의 설정, 과제 실행 중에 나타나는 장애요소를 극복하기 위한 협력적 대응과 적절한 지원 등이 이루어져야 한다. 지도자의 역할은 이러한 요건들이 충족되어 구성원들의 노력이 변화를 위해 집중될 수 있도록 정렬(aligning)하고 이를 위해 변화과정을 주의 깊게 관리하고 지원하는 것이다.

변화를 일으키는 구성원들이 배우라면 지도자는 감독이다. 감독은 배우들의 연기의 방향을 지도하고 좋은 연기가 이루어질 수 있도록 여건을 조성하며 장애요소가 생기면 이를 제거해 나간다. 무엇보다 중요한 것은 배우들이 좋은 연기를 할 수 있도록 자극하고 동기를 부여하는 것이다. 그들에게 영감을 주고 지적으로 자극하며 약점을 스스로 느끼고 보완토록 하고 그들의 숨은 열정을 깨어나게 하고 잠재력을 최대한 발휘하도록 하는 것이다. 이러한 과정 속에서 배우들은 자신이 성장하고 있음을 느끼며 그 작업이 자신과 다른 사람들에게 얼마나 중요한가를 깨닫게 되고 크나큰 성취감과 보람을 느끼게 된다. 그와 동시에 감독과 배우, 제작진이 일심동체가 된 것을 느끼고 그러한 일체감은 서로를 자극하고 격려하여 에너지를 생성하고 어려움을 극복하며 결국 당초에 기대한 것 이상의 무엇인가를 달성하게 한다.

변화지향의 지도자는 구성원들로부터 전기를 받으며 이들에게 다시 빛과 열을 되돌려준다(Evans, 1996). 이는 다시 말하면 지도자의 에너지는 구성원들에게서 나온다는 것이다. 구성원 없는 지도자란 있을 수 없다. 구성원들로부터 에너지를 받은 지도자는 전등과 같이 밝게 빛나며 구성원들에게 길을 비추고 따뜻한 온기를 제공하는 것이다. 이러한 상호보완적, 상생적 관계는 양자 간의 인간적 신뢰를 바탕으로 가능하며 일방적인 권위의 행사가 아닌 쌍방적 의사소통과 관계구축을 통해 가능하다. 지도자와 구성원은 서로 대립되는 관계가 아니며 누가 일방적으로 힘을 행사하는 관계도 아니며 누가 누구를 이용하는 관계도 아니다. 그들은 공동의 목적을 달성하기 위해 같은 방향으로 향해 가고 있는 것이다. 이러한 관계를 인식하고 그것을 현실적으로 실현하는 것은 변화지향의 지도자가 달성해야 할 가장 중요한 요건일지 모른다. 이것이 현실적으로 쉬운 일은 아니나 결국 지도자의 성패, 즉 교육변화의 성공여부가 여기에 달려 있기 때문이다.

제 **7** 장

결 론

제 7 장 | 결 론

    이 책은 이미 교육개혁에 관심을 가지고 있는 많은 사람들에게 여러 가지 문제점과 대안을 제시하였다. 독자들은 각자의 입장에서 이 책의 내용을 해석하고 받아들일 수 있을 것이다. 이 장에서는 우리나라 교육정책과 행정을 담당하고 있는 교육관료들에 대한 제언과 이들이 새로운 교육개혁 패러다임을 적용하기 위한 선결조건으로서의 교육행정 업무환경 혁신에 대한 논의로 결론을 맺고자 한다.

1. 교육정책 업무의 새로운 접근

    교육관료는 변화관리자(change agent)이다.[13] 교육의 변화를 실천하는 것은 현장의 교사들이지만 그들이 변화를 달성할 수 있도록 이끌고 도와주는 역할은 교육관료의 몫이다. 교육관료들이 이러한 기능을 수행하지 못한다면 현실적으로 교육개혁의 성공은 요원하다. 가

---

13) 교육관료라 함은 중앙정부 및 시·도교육청, 지역교육청 등에서 교육정책 및 행정업무를 담당하고 있는 교육전문직 및 행정직 공무원을 총칭한다.

장 먼저 새로운 패러다임을 받아들여야 할 사람들은 교육관료들이다. 교육관료들이 어떤 패러다임에 입각하느냐에 따라 스스로 교육변화의 걸림돌이 될 수도 있고 명실상부한 변화관리자가 될 수도 있는 것이다. 앞에서 제시된 교육변화의 키워드들은 바로 교육관료가 자신의 행동원리로 내면화하여 실천할 때 비로소 힘을 발휘할 수 있는 것들이다. 이를 위해서는 교육정책 업무를 수행하는 데 있어서 새로운 접근이 필요하며 이를 정리하면 다음과 같다.

1) 관리 모드에서 변화 모드로

우리의 행정을 지배하고 있는 기본 모드(mode)－사고방식 및 행동양식－는 관리(management) 중심적이다. 이는 합리성과 능률성을 숭상하며 안정과 질서, 공식적 권한과 책임, 절차와 규정, 감독과 통제, 외재적 평가와 보상 등을 중시하는 성향을 가진다. 제2장에서 논의된 합리적－구조적 패러다임은 '관리 모드'의 다른 이름이라고 할 수 있다. 관료들이 읽고 공부하였던 행정학이나 교육행정학 이론서들은 대부분 '관리(management)'에 대한 내용으로 채워져 있다. 이론적으로나 현실적으로 많은 교육관료들이 관리 모드에 사로잡혀 있다고 해도 과언이 아니다.

문제는 이러한 관리모드로는 우리가 추구하는 의미 있는 교육변화를 실현하기가 대단히 어렵다는 점이다. 지금까지의 논의들은 결국 관리 모드에서 '변화 모드'로 전환해야 함을 정당화하고 그 방법을 제시하기 위한 것이었다. 교육행정을 연구하는 학자들은 '변화'에 대한 보다 많은 연구를 시도하여야 한다. '교육행정'이란 관리적인 측면뿐만 아니라 변화를 추구하는 작업이기 때문이다. 교육관료들이 하는 일 중 특히 정책수립 및 시행에 관한 부분은 본질적으로 변화를 목표로 하는 과업들임에도 불구하고, 변화에 대한 기본적인 이해와 그 조건 및 실천방법 등에 대한 연구가 지금까지 미흡하였던 것이 사실이다.

지금까지 우리가 범한 오류는 관리 모드를 통해 교육변화를 일으키려고 한 것이었다. 그것은 마치 밥을 짓기 위해 전기밥솥에 쌀과 물을 넣은 뒤 '취사' 버튼을 누르지 않고 '보온' 버튼을 누르고 나서 밥이 되기만을 기다리는 것이나 다름없다. 교육변화가 일어나기 위해서는 변화에 필요한 조건이 갖추어지고 정상적인 변화의 과정이 진행되어야 한다. 핵심적인 것은 변화를 일으키는 사람 스스로가 그 변화의 주체이자 원동력이 되어야 한다는 것이다. 그것이 교육의 변화가 일어날 수 있는 요체이다. 변화에의 의미부여, 유의미한 학습경험, 성공 경험을 통한 긍정적 인지모형(mental model)의 형성 등은 변화 모드의 주축을 이루는 원칙들이며 세부적인 사항들은 여러 번 논의되었다. 교육관료가 진정한 변화관리자가 되기 위해서는 우선 자신의 모드가 어떤 것인가에 물음을 던져야 한다.

2) 교육현장의 파악

교육관료는 정책수립에 있어서 정책이 궁극적으로 실현하고자 하는 바가 무엇인지 정확하게 이해하고 그 목표를 달성하는 데 있어 어떤 변인들이 개입되며 어떤 과정을 거쳐 정책과제가 실행되고 그 목적을 달성할 수 있는지 구체적으로 파악해야 한다. 이와 관련, 관료가 우선적으로 해야 할 일은 현장을 아는 것이다. 현장에서 무엇이 문제가 되는지, 현장에서 일하는 사람들이 중요시하는 원칙, 가치가 무엇이고 우선순위는 어떠한지, 어떤 어려움을 겪고 있고 어떻게 이를 해결할 수 있다고 생각하는지, 주어진 과제에 대하여 어떻게 인식하고 어떤 방식으로 대처하는지, 어떤 보상을 중시하고 어떻게 평가받기를 바라는지 등을 알아야 한다. 이는 설문 조사나 소수의 교사대표를 불러 회의를 하는 방법 등으로는 제대로 파악하기 어렵다. 이를 위해서는 잘 계획된 그리고 지속적인 질적 자료 수집과 분석을 필요로 한다. 학교교육에 대한 정책연구가 질적 연구 중심으로 이루어져야 할 필요가 여기에 있다.

우리가 당면하고 있는 많은 현실적인 문제들은 그 나름대로 배경과 이해관계자들을 가지고 있다. 문제에 대한 구체적인 해결방안은 다양하겠으나 이를 대하는 교육관료의 접근법은 질적으로 전환되지 않으면 안 된다. 우리는 지금까지 현장중심 학교경영, 수요자 또는 소비자 중심교육 등의 용어를 사용하며 현장중심 정책을 추진해야 한다는 이야기를 해왔으나 막상 왜 그렇게 하지 않으면 안 되는가에 대한 깊은 이해가 부족하였던 것으로 생각된다. 오히려 수요자 중심이란 말은 경제학적 용어로 인식되어 시장경제논리의 교육지배에 대한 반발과 함께 부정적인 개념으로 인식되기도 하였다. 현장중심 교육정책의 당위성은 그것이 민주화, 참여와 같은 시대의 조류라거나 시장논리에 바탕을 두고 합리화될 것이 아니라 인간에 대한 심층적인 이해를 바탕으로 한 교육정책이라야 그 목표를 궁극적으로 실현할 수 있다는 새로운 인식에 근거해야 하는 것이다.

3) 교사들의 주관적 현실 이해

  교육관료들은 교사들의 주관적인 현실(subjective realities)을 파악하고자 하여야 한다. 왜냐하면 사람들은 자신의 주관적인 현실 인식에 기초하여 행동하기 때문이다. 아무리 관료의 눈에 좋게 보이는 정책 아이디어도 교사들에게는 한낱 신기루 또는 비현실적 몽상으로 비쳐질 수 있다. 관료가 생각하는 교사, 학교에 대한 가정에 기초하여 수립한 정책은 교사들의 주관적인 현실 앞에서는 의미 없는 아이디어에 불과할 수 있기 때문이다. 교육정책 아이디어가 궁극적으로 교사의 행동, 태도에 의해 실현되는 것이라면 교사의 주관적 현실 속에서 수용 가능한 것으로 받아들여지고 스스로 의미를 부여하여 자발적인 실천 노력이 이루어지도록 하는 일종의 심리적 접근이 필수적인 것이다. 우리는 동기부여에 대한 보다 깊은 이해를 필요로 한다.

4) 동기부여에 대한 정확한 인식

  교육관료들은 정책업무에 있어 계획 수립, 시달, 평가라는 도식적인 업무형태에서 벗어나야 한다. 정책이 원래의 목표를 달성하려면 그것이 현장에서 수용되어 시도되고 현실여건에 맞추어 수정 보완되는 과정을 거쳐 정착단계에 이르는 일련의 실행과정을 거치게 된다. 정책 성공의 핵심은 이러한 실행과정 속에서 교사들에게 부과된 정책과제가 유의미성을 유지하여야 한다는 점이다. '유의미성'이란 그것이 교사들에게 중요하고 가치 있는 것으로 인식되고, 현실적으로 실행가능성(feasibility)이 있으며, 그 과업을 성취했을 때의 결과가 자신이 중시하는 보상을 가져다 줄 것으로 기대됨을 의미한다. 이러한 교사들의 의미부여는 자신들의 주관적 현실 인식에 바탕을 두고 이루어지는 것이다. 정책실행은 정책 아이디어를 시달하고 사전 처방된 대로 이행되었는지 체크리스트를 가지고 확인 점검만 하면 되는 그런 단순한 것이 아니라 그것을 수행하는 사람들 나름의 의미부여를 통해 현장에서 창조, 재창조되는 것이다.

5) 변화과정에 대한 이해와 관리

사람들은 자신이 놓여 있는 위치, 상황, 현장조건(local context)에 입각해서 문제를 인식한다. 이는 하나의 문제를 놓고도 다양한 현실 인식이 존재함을 의미하는 것이며, 하나의 정책과제에 대한 현실인식은 교사들 간에도 다양하고, 교사와 교장 간에 다를 수 있으며, 서로 다른 여건에 있는 학교 간에도 다를 수 있고, 더구나 교사와 행정관료 간에는 그 차이가 더 클 수 있는 것이다. 궁극적으로 정책과제가 교사들의 주관적 현실에 입각하여 의미 있는 것으로 받아들여지지 않는다면 그 교육정책은 제대로 실천되어 그 목적을 달성하기 어렵다. 이러한 이유로 교육관료들은 정책이 실행되는 과정에서 이루어지는 교사들의 의미부여의 내용과 배경을 이해하여야 하며 이에 영향을 미치는 과정적 변인(process factors)에 주목하여야 한다. 그것이 정책 성공의 관건이기 때문이다. 관료가 해야 할 일 중 그동안 소홀히 되어 온 것 중의 하나는 이러한 정책실행과정을 follow-up

하여 주의 깊게 관리하고 과정 중에 나타나는 장애요인을 해소하는 일이다.

6) 귀납적 정책과제 도출과 실행과정의 유연성

교육관료들은 자신들의 업무형태를 연역적 접근에서 귀납적 접근으로 근본적으로 전환할 필요가 있다. 교육현장에서의 만성적인 문제의 하나는 그들에게 주어진 과제의 외발성(externality)이다. 학교 밖에서 수집된 멋지고 그럴싸해 보이는 아이디어들을 적당히 가공해서 학교로 배달할 것이 아니라 학교 안에서 무엇이 문제가 되고 있는지, 어떤 장애요소들이 교사들의 정상적인 교육활동을 저해하는지, 그러한 문제들을 해소하려면 어떤 조치들이 필요한지를 귀납적으로 수렴하여 이에 대한 체계적이고 현실적인 대응방안을 마련하고 그것이 현장 교육 개선에 실질적으로 기여할 수 있도록 실행하고 관리하는 업무방식이 도입되어야 한다. 이러한 방식으로 수립된 정책은 학교의 현실을 도외시한 채 수립된 외발적인 정책과제가 갖는 비현실성, 비일관성(inconsistency), 단절(discontinuity) 등의 고질적인 문제를 해소할 수 있게 될 것이다.

여기서 또 하나의 핵심은 현장조건(local context)에 대한 민감성(sensitivity)이다. 우리가 현장교사들의 의미부여의 중요성을 이해한다면 각 학교가 놓여 있는 현실적인 상황에 관심을 두지 않을 수 없다. 귀납적인 정책 수립을 한다고 하여도 그것이 획일화된 안으로 귀착된다면 다양한 조건에 놓여 있는 현장에서 수용하는 데 있어 다시 한계를 드러낼 것이다. 따라서 정책안은 그것이 시행될 학교의 상황에 맞게 현장에서 수정 보완 및 재창조될 수 있는 여지를 제공하는 것이어야 한다. 다시 말하면 정책의 기본은 유지하되 다른 상황에 있는 학교에 대하여 다른 버전의 적용이 허용되어야 한다. 이는 목표 수준 설정에 적용될 수도 있고, 실천방법이나 시간계획 등에 다양하게 적용될 수 있을 것이다.

Tyack & Cuban(1996)은 개혁 플랜이 명확하게 부과되는 정책으로서가 아니라 실제의 긍정적, 부정적 효과를 바탕으로 평가되고 재구성되어야 할 개념으로 인식하는 것이 유용하다고 보면서 이는 Dewey의 실용주의 철학, 즉 목적과 결과란 고정된 것이 아니라 실제의 경험을 통해 끊임없이 재평가되어야 한다는 아이디어에 바탕을 두고 있음을 지적한다. 즉 하나의 정책안은 최종적인 결론이 아니라 하나의 가설(hypothesis)로 기능하여야 한다는 것이다. 그것이 실행되는 과정은 이러한 가설을 검증하기 위한 노력이며 가설 자체의 타당성은 실행과정 및 그 검증결과를 통해 입증되는 것이다. 이러한 입장이 가지는 장점은 그 정책안을 받아들이는 현장의 사람들이 그것이 자기 의사와 상관없이 최종적으로 결정되어 부과되는 과제가 아니라 자신의 참여를 통해 그 타당성을 검증해야 할 대상으로 인식하는 것이며 검증이 제대로 이루어지는가의 여부는 자신의 진지한 참여에 달려 있음을 깨닫게 하는 것이다. 결국 자신이 정책결정과정에 참여하게 되는 것이며 자신의 실천적 경험에서 비롯된 현실적인 의견들을 최대한 반영시킴으로써 보다 나은 정책을 도출하는 데 기여하기 위한 동기부여가 이루어질 수 있다는 것이다. 이는 귀납적 정책 도출과 함께 실행과정의 다양한 현장조건을 고려하기 위한 대안이 되는 동시에 현장에 있는 사람들에게 유의미한 참여 기회를 부여함으로써 개혁과제 수행에 있어 주체성과 책임의식을 고취시키는 계기가 될 수도 있을 것이다.

7) 인간에 대한 이해와 주체성에 대한 신념

인간을 다루는 교육, 그리고 궁극적으로 교육자를 통하여 목표를 이루어야 하는 교육정책은 본질적으로 인간을 존중하고 변화의 주체 (subject)로 보아야 한다. 인간을 어떤 힘의 작용(manipulation of forces) 을 통해 통제 조작해야 할 수동적인 객체(object)로 보는 것은 근대 산업사회의 능률을 바탕으로 한 합리적-구조적 패러다임, 인간에 대한 기계적 관점(mechanistic model)의 산물이며 관료제와 함께 조직 속의 인간을 소외시키고 무력하게 만드는 근본적인 원인이 되고 있다. 우리가 지향하는 교육의 목적이 아무리 이상적이고 고귀할지라도 그것을 실현코자 하는 학교교육이 이루어지는 업무체제가 이러한 관료제적 병폐와 기계론적 인간관에 빠져 있다면, 그리하여 변화의 능동적 주체가 되어야 할 사람들이 소외되고 무력화되고 그들의 입장에서 볼 때 무의미한 과업 속에서 불만에 싸여 형식적인 업무로 일상을 보내고 있다면 교육다운 교육은 기대할 수 없다.

끝으로 교육관료들은 학교의 전문직 문화 형성과 새로운 리더십 창출을 지원하고 여건을 마련하기 위해 노력하여야 한다. 이는 학교 가 스스로 자기 혁신의 길을 걷도록 하는 기본적인 그러나 궁극적인 과제이다. 또한 교육관료들은 엘리트주의(elitism)에서 벗어나 겸허한 자세로 현장의 소리에 귀를 기울이고 형식보다 본질을 추구하며 스스로 틀에서 벗어나기 위한 자기쇄신의 노력을 게을리 하지 말아야 한다. 이것은 자신의 권력(power)과 권위(authority)를 낮추는 것이 아니라 궁극적으로 교육의 발전을 성취함으로써 스스로의 위상을 높이고 국민을 위한 교육의 수호자로서 거듭나는 길임을 인식해야 한다.

2. 신뢰 회복 및 이미지 제고를 통한
개혁 성공의 토양 마련

정책의 실효성을 거두기 위한 조건 중의 하나는 정책의 권위가 서야 한다는 것이다. 정책의 권위는 그것이 지니는 현실적 유용성과 그것을 수립한 주체의 신뢰성에 기초한다. 사람들은 일단 신뢰하는 사람들이 만든 물건에 대하여는 그 세세한 기능을 따져보기 전에 그 물건에 대한 신뢰를 보이는 경향이 있다. 기업이 지니는 브랜드의 가치는 이러한 신뢰를 반영하는 것이다. 아무리 내용이 좋은 정책도 그것을 수립 시행하는 주체가 대외적으로 신뢰를 상실하고 있다면 그 가치는 액면 그대로 인정되지 못하며 제대로 수용되기 어렵다. 한 집단의 신뢰성은 그들이 지니고 있는 대외적 이미지와 밀접하게 연관된다. 좋은 대외적 이미지를 가지고 있다는 것은 그만큼 대외적인 신뢰를 얻고 있음을 의미한다. 교육개혁이 성공하기 위해서는 그것을 수립하고 추진하는 자들이 교사, 학부모, 기타 교육서비스의 고객으로부터 신뢰를 얻고 이들에게 좋은 이미지를 형성하고 있어야 한다. 그러나 우리 실정은 이러한 조건을 충족시키고 있지 못한 듯하다.

교육개혁 업무를 담당하는 교육관료들이 신뢰를 얻기 위해서 또는 좋은 이미지를 형성하기 위해서는 적어도 세 가지의 방법이 있다. 첫째는 자신들의 이미지를 제고하기 위한 적극적인 PR을 실시하는 것이다. 자신들이 하고 있는 일을 널리 알리고 장점을 부각시켜 드러내는 것이다. 둘째는 자신들이 관계를 맺고 상호작용하는 대상들과 호의적인 관계를 유지하는 것이다. 자신들과의 관계에서 상대방이 갖는 경험이 유용하고 생산적인 것으로 인식되도록 함으로써 좋은 이미지를 축적·확산해 나가는 것이다. 셋째는 자신들의 일의 결과, 즉 생산물의 효용을 높임으로써 그것을 사용하는 고객으로부터 좋은 반응을 얻어내는 것이다.

이들 세 가지 방법 중에 가장 단기적으로 효과를 볼 수 있고 시도가 용이한 것은 첫 번째 방법이며, 가장 어렵고 시간이 걸리는 것은 역시 마지막 방법이다. 그러나 궁극적으로 그들의 신뢰와 이미지를 결정짓는 것은 마지막 방법이다. 아무리 광고를 효과적으로 하고 관계 집단들과 좋은 관계를 유지한다고 해도 그들의 생산물의 질(quality)이 떨어진다면 결국은 좋은 이미지의 유지는 어렵게 된다. 한편, 생산물의 질이 높아도 그것을 적절히 알리지 못하고 일을 추진하는 과정에서 관련 집단과 호의적이고 생산적인 관계를 수립하지 못한다면 역시 그 노력의 가치를 충분히 인정받지 못하고 이미지를 손상시키는 결과를 가져올 수도 있다.

지금까지 교육관료들은 이러한 세 가지 방법을 어느 하나도 효과적으로 사용하지 못했다. 그 결과 교육관료들의 대외적 이미지는 전혀 긍정적이지 않으며 그들에 대한 신뢰도도 높지 않다. 당연한 결과로 그들이 만들어 낸 교육정책 및 시행하고 있는 행정적 프로그램들은 전반적으로 그것들이 성공하기 위해 요구되는 권위를 인정받고 있지 못하다. 이러한 문제점은 교육개혁이 제대로 이루어지지 못하는 또 하나의 중요한 제약이 되고 있다. 교육관료들은 기업들이 보다 좋은 제품을 만들기 위해 연구 개발하고 그 제품의 가치와 효용성을 소비자들에게 효과적으로 알리며 기업의 좋은 이미지를 형성하기 위해 쏟는 다양한 노력으로부터 많은 것을 배울 필요가 있다. 자신들이 만든 제품은 그 질에 상관없이 팔릴 것이라는 안이한 사고방식은 불식되어야 한다. 좋은 정책을 만들어내기 위한 시장조사와 연구개발, 정책의 가치와 효용성에 대한 효과적인 홍보, 교육정책 및 행정과정에서 관계를 맺는 다양한 관련 집단 및 고객에 대한 유익하고 생산적인 경험의 제공 등을 통해 스스로의 이미지를 제고하고 신뢰를 회복하기 위해 각별히 노력하지 않는다면 교육개혁을 위해 쏟는 자신들의 투자와 노력이 제대로 보상을 받기 어렵게 될 것이기 때문이다.

3. 교육행정 업무환경의 혁신

1) 양에서 질, 형식에서 실질로 중심 이동 / 시간단위(time span)의 전환

교육관료들은 대체로 일이 너무 많고 너무 바쁘다. 너무 많은 과제들을 제한된 시간에 처리하다 보면 일을 처리한다는 그 자체에 급급하게 되어 일의 질적 수준을 높이는 데 투자할 시간과 여력을 가질 수 없다. 업무의 양을 줄이는 한편 한 업무에 대하여 보다 폭넓고 심도 있게 접근할 수 있는 여건이 마련되어야 한다. 또한 교육관료의 일들은 대체로 너무 짧고 빠른 시간 단위(time span)에 의하여 진행된다. 일의 비중과 상관없이 정해진 스케줄에 의하여 처리하지 않으면 안 되는 시간적 압박에 항상 시달리게 된다. 업무량의 과다 및 시간적 여유의 부재는 소위 졸속 행정의 가장 중요한 원인이 된다. 이미 논의된 바와 같이 행정가들의 이러한 촉박한 시간개념은 그대로 학교에 전달되어 교육현장의 정상적 시간개념을 혼란시키고 그 업무의 효율성을 저해한다.

교육관료들이 바쁜 이유 중의 하나는 일의 내용에도 있다. 공무원들은 자기들끼리 바쁘다는 자탄이 섞인 이야기를 자주 한다. 많은 교육관료들은 교육현장에 도움을 주는 일과 별로 상관없는 소위 '불필요한' 업무에 시달리고 있다고 생각한다. 보고서를 제작하는 일, 다양한 자료 요구 때문에 거의 동일한 내용의 자료를 이리저리 수정 제출하며 유사한 작업을 반복하는 일, 사무보조 인력의 부족으로 잡다한 일까지 손수 처리해야 하고 기관장의 결재를 받기 위해 며칠씩 순서를 기다려야 하는 등 교육관료의 일을 비효율적, 비생산적으로 만드는 요소들은 매우 다양하다. 이러한 요소들은 결국 그들을 바쁘게 만들고 지치게 하여 보다 생산적인 과업에의 집중을 저해하는 결과를 가져온다. 업무처리에 바쁜 작업환경 속에서는 일의 수준을 향상시키기 위한 연구와 개발이 활성화되기 어렵다.

따라서 교육관료의 업무는 한 업무에 대한 집중적인 연구와 노력이 이루어질 수 있도록 조정되어야 하며 이를 위해서는 첫째, 현재 수행하고 있는 업무영역에 대한 재구조화(restructuring)가 이루어져야 한다. 중앙정부와 지방정부 간 수준에 적합한 기능의 배분과 조정이 이루어져야 하며 조직 내에서는 직위와 직급에 상응하는 과업의 구성이 이루어져야 한다. 교육현장의 교육실천과 무관하거나 영향이 미미한 일들은 과감하게 철폐하고 실질적인 도움을 줄 수 있는 일 중심으로 새로운 접근이 이루어져야 한다. 또한 과업의 중요성과 양에 따른 신축적인 인력배치가 이루어져야 한다.

둘째, 기본적인 시간 단위(time span)를 확장하여야 한다. 이를 위해서는 일의 실시단위를 표면적인 행위 기준이 아니라 변화과정상의 실질적 진전(progress)에서 찾는 방안을 생각할 수 있다. 예컨대, 어떤 개혁 프로그램에 대한 연수를 실시했는가의 여부로 일의 완성을 판단하는 것이 아니라 그 연수로 인해 대상자들의 프로그램에 대한 이해도가 향상된 정도를 가지고 그 공정률을 판단하는 것이다. 연수를 실시하였어도 이해도가 향상되지 않았다면 일은 전혀 진척되지 않은 것이다. 연수실시는 1주일 안에도 이루어질 수 있지만 이해도의 향상의 관점에서는 1주일이라는 시간은 일 전체 공정의 일부에 지나지 않는 것일 수 있다. 즉 실시 단위의 전환은 자연스럽게 과업이 이루어지는 시간 단위를 변화시킬 수 있을 것이다. 교육관료들이 수행하는 다양한 과업들은 각 과업이 가지고 있는 목적, 속성, 맥락 (context)에 입각해서 이러한 시간 단위(time span)를 새롭게 구성할 필요가 있다.

셋째, 앞의 단계가 가능하기 위해서는 과업수행에 대한 평가 역시 이러한 새로운 틀에 의해 이루어져야 한다. 교육관료들의 표면적인 행위 여부보다는 교육변화를 위해 도달해야 할 단계와 수준에 있어 어느 정도 공정률을 보이고 있는가에 따라 평가가 이루어져야 한다. 이를 위해서는 평가의 새로운 시간개념이 수립되고 새로운 지표 (indicator)들이 발굴되어야 한다. 결국 평가의 관점이 형식적인 요소에서 실질적인 요소로 전환되어야 하며 이를 위해서는 평가의 시간개념도 자연스럽게 바뀔 필요가 있는 것이다.

2) 전문성을 지향하는 업무체제의 수립

개인이 전문성을 신장하고 축적할 수 있도록 하는 업무체제를 수립하는 것은 매우 중요하다. 현재의 체제에서는 한 사람이 한 자리에 근무하는 기간이 너무 짧아 제대로 그 일에 대한 전문성을 쌓기가 어려우며 조직의 차원에서도 담당자의 잦은 변경으로 업무의 질이 향상되기 어렵고 오히려 업무의 연속성과 능률이 저하되는 현상이 나타난다. 또한 과다한 업무량으로 항상 시간에 쫓기는 공무원들은 한 가지 과제에 집중하고 천착할 시간적 정신적 여유를 갖기 어렵다. 이러한 업무환경 속에서 업무의 질은 향상되기 어려우며 공무원들은 눈앞의 과제 처리에 급급하게 되므로 보다 깊이 있는 조사 및 연구를 수행할 시간과 에너지를 갖지 못한다. 이러한 현상이 지속되다 보면 공무원들은 자신이 일을 통해 성장 발전하고 있다기보다는 정신과 육체가 소모되고 있다는 느낌마저 갖게 되는 경우가 있다.

교육행정직의 전문성이 신장되고 업무의 질이 향상되기 위해서는 업무의 패턴이 이를 장려 촉진하는 방향으로 재구성되어야 할 필요가 있다. 이러한 패턴이 바뀌지 않는 한 교육훈련 시스템을 아무리 바꾸어도 그 효과를 크게 기대하기는 어렵다. 업무는 교육훈련을 자연스럽게 요구하고 교육훈련은 업무에 실제로 도움이 되어야 한다. 양자가 서로 유리된 상태에서는 전문성의 신장은 기대하기 어렵다. 또한, 교육정책 및 행정업무는 지금보다 훨씬 깊고 넓은 학문적 토대(foundations) 위에서 수행되어야 한다. 현재의 업무체제에 대한 인상은 그러한 토대가 제대로 활용되지 못할 뿐 아니라 그 토대 자체도 견실하지 못한 듯하다. 이에 대한 관료와 학자들의 고민과 노력이 필요하다고 생각된다.

한 개인이 교육행정의 모든 분야에서 전문가가 되기는 어렵다. 따라서 그 대안은 몇 개로 구분된 영역 안에서 개인의 경력을 관리하는 것이다. 예컨대 초·중등교육, 고등교육, 직업기술교육 및 평생교육, 인적자원개발, 국제협력, 기획관리 및 일반 행정 등의 영역 속에서 한 사람은 초·중등교육 분야에 한 사람은 고등교육 분야를 중심으로 근무하고 전문성을 키워나가는 것이다. 이러한 방식은 물론 인사관리 차원에서 받아들이기 용이한 것은 아니나 교육행정 업무의 전문성을 신장시키기 위해서는 우선 중앙부처 수준에서라도 이러한 방향으로 나아가야 할 필요성이 있다. 또한 한 사람이 한 자리에 최소한 2년 이상 근무토록 하고 한 업무의 담당 라인이 동시에 교체되는 경우를 피함으로써 업무의 일관성을 유지하여야 한다.

3) 정책 여과체제(filtering system)의 활성화

현재의 관료제적 행정체제 속에서 의사결정은 품의제를 따른다. 이는 기본적으로 사무관(계장)−과장(담당관)−국(실)장−차관−장관이라는 단계를 거쳐 의사결정이 이루어지는 것이다. 물론 중요한 정책결정사항에 대하여는 자문회의 성격의 각종 위원회 또는 협의회를 통하여 의견을 묻기도 하고 다양한 경로를 통하여 정책방안에 대한 검토를 실시하고 있다. 최근에는 특히 초·중등 교육 부문에 대하여는 교원단체들이 협상과정을 통하여 많은 정책의견을 개진하고 있다. 그러나 위원회 등을 거치더라도 그것이 형식적으로 이루어지는 경우도 있고 회의내용이 최종 의사결정에 충분히 반영되지 않는 경우도 나타나게 된다.

아직도 우리 행정체제 내에서는 토론문화가 활성화되어 있지 못하다. 그 원인으로는 우선 촉박한 일정에 쫓기는 업무환경 속에서 토론을 벌일 시간적 여유가 많지 않다는 점을 들 수 있다. 또한, 토론이 제대로 되지 않는 이유는 서로의 영역에 대한 간섭을 꺼리는 조직문화의 영향이 크다. 다른 사람 소관에 대한 의견 개진이 자칫 영역침범으로 오해될 수 있다고 생각하기 때문이다. 또 다른 문화적 행동은 서로의 직위가 다른 경우 직위가 높은 사람의 의견에 대하여 이견을 제시하는 일을 기피하는 현상이다. 이는 자칫 윗사람의 권위에 도전한다는 인상을 줄 수 있고 그의 체면을 상하게 하는 행동이될 수 있다고 생각하기 때문이다. 또 하나의 현상은 개인적으로 너무 돌출한 행동을 하거나 특이한 의견을 제시하는 것이 조직 내에서별로 환영을 받지 못한다는 점이다. "모난 돌이 정 맞는다"는 말과같이 남들과 같은 보조를 취하는 것이 가장 안전하고 편한 길이며혼자 두드러지는 것은 결과적으로 이익이 될 것이 없다는 생각은 관료사회에 널리 퍼져 있다. 이와 같은 일련의 문화적 인식과 행동들은 행정조직 내에서 토론이 활성화되지 못하는 원인이 되고 있다.

업무량의 과다와 급박한 일정에 따라 이루어지는 업무환경 속에서의 연구개발의 부족, 회의체의 형식적 활용, 토론문화의 비활성화 등은 결과적으로 충분한 검증 없이 정책안이 만들어지고 시행될 여지가 있다는 것을 의미한다. 아직까지 행정기관의 권위와 힘이 중시되는우리 환경 속에서 일단 의사결정 라인을 통해 수립된 정책안이나 지침 등은 하위기관이나 관련 집단에 대하여 막강한 영향력을 지니게된다. 현장에서 이를 거부하든 수용하든 일단 시행된 프로그램은 어떤 형태로든 영향을 미치며 많은 사람들의 행동을 제약하게 된다.한번 잘못 이루어진 결정이 시행된 후 시정 및 치유되기까지는 많은 사람들의 고통과 수고, 희생이 따르게 되고 그 후유증이 남아 그다음에 정책 시행에도 부정적인 영향을 미칠 수 있다.

따라서 정책이 수립되어 시행되기 전에 다양한 각도에서 그 결과및 예측되는 부작용에 대한 충분한 논의가 이루어지고 문제점을 여과할 수 있는 장치가 확보되어야 한다. 여기서 두 가지 방안을 생각해 볼 수 있다. 하나는 결정되기 전의 정책안에 대한 다양한 시각에서의 검토가 이루어질 수 있도록 보다 다양한 집단에게 검토 기회를 주는 것이며, 또 하나는 정책이 실시되는 과정(process)의 각 단계에서 전개될 상황에 대한 시뮬레이션(simulation)을 통해 사전에 문제점을 발견하고 이를 정책안에 반영하거나 예상 문제점에 대한 대비책을 마련하는 것이다. 가급적 다양한 과정적 변수들을 고려하고 다양한 현장조건(local context)을 감안하여 시뮬레이션을 실시할 필요가 있다. 이와 같은 관점에서 기존의 회의체들을 보다 적극적으로 활용하고 시간이 걸리겠지만 장기적으로 행정체제 내의 토론문화를 활성화시키는 노력도 지속되어야 한다. 이와 같은 여과체제(filtering system)가 갖는 효과는 어느 하나의 일방적인 논리나 압력에 의하여 사전검증 없이 정책결정이 이루어지고 그것이 실행되어 사후에 엄청난 문제와 저항을 야기하고 결국 정책의 실효성은 거두지 못한 채 많은 인적, 물적 자원을 낭비하는 사례를 예방하는 안전장치(security system)로 작동할 수 있다는 점이다.

4) 정책 토대(foundation)의 확대 및 심화

우리 교육행정 업무환경은 연구개발과 전문성 향상을 장려 촉진하지 못하는 문제점을 지니며, 결과적으로 교육정책 수립 및 시행에 바탕이 되어야 할 폭넓고 깊은 학문적 토대를 구축하는 데도 성공적이지 못하였다. 물론 이는 교육관료들만의 문제라고 할 수는 없으며 교육분야에 관련된 연구를 하는 학자, 전문가들에게도 책임이 돌아가는 것이다. 정부가 실시하는 정책 연구들은 대개 특정 정책 수립에 필요한 현실적인 아이디어를 찾는 행동실천연구(action research)에 해당한다. 그러나 교육정책의 방향을 설정하고 정책 의제(agenda)를 도출하고 정책안을 수립하는 데 있어서는 보다 폭넓고 깊은 안목을 바탕으로 한 성찰이 필요하다. 단기적 대증요법적인 정책이 필요한 경우도 있지만 우리 교육의 체질을 개선하기 위한 장기적 전략은 더욱 시급하며 그 속에서 이루어지는 단기적, 개별적 정책 수립도 견고한 학문적 토대 위에서 이루어져야 하는 것이다.

이와 관련하여 교육에 대한 연구를 하는 학자, 전문가들은 보다 현장과 연계된 연구를 활성화시킬 필요가 있다. 응용학문으로서의 교육학은 현실의 교육문제 개선에 도움을 주는 연구를 통해 사회적으로 기여할 뿐만 아니라 학문의 생명력(vitality)을 높일 수 있다. 우리 교육문제를 바라보는 다양한 관점의 제공, 교육현상을 이해하고 분석할 수 있는 이론적 틀(theoretical frame)의 개발, 현장에 대한 이론적 접근을 바탕으로 한 정책대안의 제시 등이 활발히 이루어짐으로써 우리 정책의 학문적 토대를 확대 심화할 수 있을 뿐만 아니라 교육학의 학문적 발전을 촉진할 수 있으며 대학에서의 살아 있는 교육이 이루어지도록 하는 데 기여할 수 있을 것이다.

┃ 참고문헌 ┃

교육부 (1998). 대한민국 교육 50년사: 1948~1998

교육부 (1999). 국가교육발전 5개년 계획(안)

교육부 (2000). 국민의 정부 교육개혁 100대 과제

교육부 (2000). 한국교육개혁의 흐름과 향후 발전방향

교육인적자원부 (2001). 교직발전 종합방안

교육인적자원부 (2002). 공교육 위기 진단과 개선방안

김병찬 (2003). 중학교 교사들의 교직문화에 대한 질적 사례 연구. 교육
　　　행정학연구, 21(1), 1-27

김인희 (2003). 교육개혁에 대한 교사의 인식과 반응에 관한 연구. 미국
　　　University of Virginia 박사학위논문

김해동 (1974). 한국공무원의 형식주의적 태도에 관한 연구. 행정논총 12(1)
　　　40-59. 서울대학교 행정대학원

대통령자문 교육개혁위원회 (1995). 신교육체제 수립을 위한 교육개혁방안

대통령자문 교육개혁위원회 (1998). 한국교육개혁백서

대통령자문 새교육공동체위원회 (2000). 지식기반사회의 교육공동체 수립.
　　　정책보고서

안기성(1998). 한국교육개혁의 정치학. 서울: 학지사

양승실 외 (2001). 학교교육 내실화 방안 연구. 한국교육개발원

윤정일 (2001). 현 교육상황의 진단과 전망. 지역사회 2001(2) 10-18

윤철경 (1999). 학교붕괴 실태 및 대책 연구. 한국청소년개발원

이용숙 (1992). 한국 중등학교 문화의 특성. 한국청소년연구 제9호. 15 - 33

이인효 (1990). 인문계 고등학교 교직문화에 관한 연구. 서울대학교 박
　　사학위논문

이종범 (1986). 국민과 정부관료제. 서울: 고려대학교출판부

이종재 외 (2001). 학교교육의 실상 분석 및 공교육 내실화 방향과 과제.
　　한국교육개발원

이종태 (2001). 교육의 위기 진단과 원인, 그리고 대안의 모색. 교육이론
　　과 실천. 11(1) 7 - 53

이혜영 외 (2001). 중등학교 교사의 생활과 문화. 한국교육개발원

임연기 (2004). 학교평가문화의 진단과 발전과제 탐색. 교육행정학연구,
　　22(4) 45 - 66

정홍익 (1981). 형식주의의 이론적 분석. 행정논총 19(2) 225 - 233. 서울
　　대학교 행정대학원

한국교육개발원 (1997). 성공적 교육개혁의 전략 탐색. KEDI 연구보고서

한국교육개발원 (1998). 현장중심 교육개혁을 위한 전략. KEDI 연구보
　　고서

한국교육개발원 (1999). 교육개혁정책의 심층 해부. 서울: 문음사

한국교육행정학회(1995). 교육조직론. 서울: 도서출판 하우.

한준상 (1994). 한국교육개혁론. 서울: 학지사

허병기(1998). 교육의 가치와 실천. 서울: 교육과학사.

허병기(2003). 교육조직의 리더십: 교육력과 인간화를 지향하여. 교육행
　　정학연구 21(1). 95 - 121.

허 숙 (2001). 교육과정의 운영과 교원 능력개발. 한국교원교육연구. 18(3)

Barth, R. S. (1990). *Improving schools from within.* San Francisco: Jossey−Bass

Berliner, D. C. & Biddle, B. J. (1995). *The manufactured crisis.* New York: Longman

Bloomer, H. (1969). *Symbolic interactionism.* Berkely, CA: University of California Press

Bolman, L. G. and Deal, T. E. (1997). *Reframing organizations.* San Francisco: Jossey−Bass

Bredo, E.(1999). Reconsidering social constructivism: the relevance of George Herbert Mead's Interactionism. Class text: Seminar−social foundations, fall 1999

Bruner, J.(1996). *The culture of education.* Cambridge: Harvard University Press

Chubb, J. E. and Moe. T. M. (1990). *Politics, markets, America's schools.* Brookings Institute

Cohen, D. K. & Ball, D. L. (1990). Relations between policy and practice: a commentary. *Educational Evaluation and Policy Analysis,* Fall 1990, vol.12, No.3, pp.249−256

Combs, A. W. (1991). *The schools we need: new assumptions for educational reform.* Lanham: University Press of America

D'Andrade, R.. (1995). *The development of cognitive anthropology,* New York: Cambridge University Press

D'Andrade, R. & Strauss, C.(Ed.) (1992). *Human motives and cultural models,* New York: Cambridge University Press

Darling−Hammond, L. (1996). Restructuring schools for high performance In S. H. Fuhrman & J. A. O'Day. (1996). *Rewards and reform:*

Creating educational incentives that work, San Francisco: Jossey
－Bass

Darling－Hammond, L. (1997). *The right to learn*. San Francisco: Jo-
ssey－Bass

Darling－Hammond, L. & Sykes, G. (Ed.) (1999). *Teaching as the learning
profession: Handbook of policy and practice*. San Francisco:
Jossey－Bass

Deal, T. E & Peterson, K. D. (1999). *Shaping school culture: The heart
of leadership*. San Francisco: Jossey－Bass

Dewey, J. (1916). *Democracy and education*. New York: The Free Press

Dwyer, D. C., Ringstaff, C., & Sandholtz, J. H. (1991). Changes in
teachers' belief and practices in technology－rich classrooms.
Educational Leadership, May 1991, pp.45－52

Elmore, R. F. (1996). Getting to scale with good educational practice.
Harvard Educational Review 66: 1－26, 1996

Elmore, R. F. (1996). Commentary: school reform, teaching and learning.
Journal of Education Policy, 1996, vol.11, No.4, pp.499－50

Elmore, R. F., Peterson, P. L., & McCarthy, S. J. (1996). *Restructuring
in the classroom: Teaching, learning, & school organization*. San
Francisco: Jossey－Bass

Erickson, F. (1986). Qualitative methods in research on teaching In M.
Wittrock (Ed.). (1986). *Handbook of research on teaching*, New
York: Macmillan, pp.119－161

Evans, R. (1996). *The human side of school change*. San Francisco:
Jossey－Bass

Firestone, W. A. (1996). Images of teaching and proposals for reform.

Educational Administration Quarterly, vol.32, No.2, 1996, pp.209
−235

Fosnot, C. T. (Ed.) (1996). *Constructivism*: *theory, perspectives, and practice*, New York: Teachers College Press

Friedman, M. (1962). *Capitalism and freedom*. Chicago: The University of Chicago Press

Fuhrman, S. H., Elmore, R. F., & Massel, D. (1993). School reform in the United States: Putting into context. In S. L. Jacobson & R. Berne (1993). *Reforming education*

Fullan, M. (1982). *The meaning of educational change*. New York: Teachers' College Press

Fullan, M. (2000). The three stories of education reform. *Phi Delta Kappan*, April 2000, pp.581−584

Fullan, M. (2001). *Leading in a culture of change*. San Francisco: Jossey−Bass

Grant, G. & Murray, C. E. (1999). *Teaching in America*: *The slow evolution*. Cambridge: Harvard University Press

Hargreaves, A. (1994). *Changing teachers, changing times*: *teachers' work and culture in the postmodern age*, New York: Teachers College Press

Hargreaves, A., Earl, L., Moore, S. & Manning, S. (2001). *Learning to change*: *teaching beyond subjects and standards*. San Francisco: Jossey−Bass

Hess, F. M. (1999). *Spinning wheels*: *the politics of urban school reform*. Washington, D.C.: Brookings Institution Press

Holland, D. & Quinn, N. (Ed.) (1987). *Cultural models in language and thought.* Cambridge: Cambridge University Press

Jennings, N. E. & Spillane, J. P. (1996), State reform and local capacity: encouraging ambitious instruction for all and local decision−making. *Journal of Education Policy*, 1996, vol.11, No.4, 465−482

Kliebard, H. M. (1995). *The struggle for the American curriculum: 1893−1958.* New York: Routledge

Kuhn, T. S. (1970). *The structure of scientific revolutions.* Chicago: The University of Chicago Press

Lambert, L., Collay, M., Dietz, M. E., Kent, K. & Richert, A. E. (1996). *Who will save our schools: teachers as constructivist leaders.* Thousand Oaks, CA: Corwin Press

Lee, D. (1976). *Valuing the self.* Prospect Heights, IL: Waveland Press

Lincoln Y. S. & Guba, E. G. (1985). *Naturalistic inquiry.* Newbary Park, CA: Sage

Linde, C. (1987). Explanatory systems in oral life stories. In D. Holland & N. Quinn(Ed.). *Cultural models in language and thought.* Cambridge: Cambridge University Press, 1987

Little, J. W. & McLaughlin M. W. (1993). *Teachers' work.* New York: Teachers' College Press

Lortie, D. C. (1975). *Schoolteacher: a sociological study.* Chicago: The University of Chicago Press

Marshall, C. & Rossman, G. B. (1995). *Designing qualitative research.* Thousand Oaks, CA: Sage

McCall, N. (1994). *Makes me wanna holler*, New York: Vintage Books

McQuillan, P. J. (1997). Humanizing the comprehensive high school: a proposal for reform. *Educational Administration Quarterly*, vol.33, Supplement (December 1997) pp.644−682

Mead, G. H. (1956). The process of mind in nature. in Strauss, A. (Ed.). (1956). *The social psychology of George Herbert Mead.* Chicago: The University of Chicago Press

Mead, G. H. (1934). *Mind, self, and society: From the standpoint of social behaviorist.* Chicago: The University of Chicago Press

Meier, D. (1995). *The power of their ideas.* Boston: Beacon Press

Mohrman, S. A. & Lawler III, E. E. (1996). Motivation for school reform In S. H. Fuhrman & J. A. O'Day (Ed.). *Rewards and reform: Creating educational incentives that work.* San Francisco: Jossey −Bass

National Research Council (1999). *How people learn.* Washington, D.C.: National Academy Press

Northhouse, P. G. (1997). *Leadership: Theory and practice.* Thousand Oaks, CA: Sage

Ogbu, J. (1991). Immigrant and involuntary minorities in comparative perspective. In M. A. Gibson and J. U. Ogbu. *Minority Students and Schooling: A Comparative study of Immigrant and Involuntary Minorities*, 1991

Orr, D. (1994). *Earth in mind: on education, environment, and the human prospect*, Washington, D.C.: Island Press

Price, L. (1987). Ecuadorian illness stories; cultural knowledge in natural discourse. In D. Holland & N. Quinn (Ed.). *Cultural models in language and thought.* Cambridge: Cambridge University Press, 1987

Quinn, N. (1987). Convergent evidence for a cultural model of American marriage in D. Holland & N. Quinn (Ed.). *Cultural models in language and thought.* Cambridge: Cambridge University Press, 1987

Quinn, N. (1997). Research on shared task solutions. In C. Strauss and N. Quinn. *A cognitive theory of cultural meaning,* Cambridge: University Press, 1997

Ravitch, D. and Viteritti, J. P. (Ed.) (1997). *New schools for a new century: the redesign of urban education,* New Haven: Yale University Press

Rein, M. (1983). *From policy to practice,* Armonk, N. Y.: M.E.Sharpe

Rogers, E. M. (1995). *Diffusion of innovations.* New York: The Free Press

Rosenholtz, S. J. (1991). *Teachers' workplace.* New York: Teachers College Press

Sarason, S. B. (1990). *The predictable failure of educational reform.* San Francisco: Jossey–Bass

Sarason, S. B. (1996). *Revisiting the culture of school and the problem of change.* New York: Teachers College Press

Schein, E. (1992). *Organizational culture and leadership,* San Francisco: Jossey–Bass

Scott, W. R. (1992). *Organizations: rational, natural, and open systems.* Englewood–Cilffs, NJ: Prentice Hall

Seeman, M. (1959). On the meaning of alienation. *American Sociological Review,* 24, 1959, pp.783–791

Senge, P. M. (1994). *The fifth discipline: The art and practice of the learning organization.* New York: Currency & Doubleday

Shore, B. (1996). *Culture in mind.* New York: Oxford University Press

Sizer, T. R. (1996). *Horace's hope.* Boston: Houghton Mifflin Company

Slavin, R. E. (1989). PET and the pendulum: Faddism in education and how to stop it. *Phi Delta Kappan*, June 1989, pp.752 – 58

Spillane, J. P. (1998). A cognitive perspective on the role of the local education agency in implementing instructional policy: accounting for local variability. *Educational Administration Quarterly*, vol.34, No. 1(February 1998), pp.31 – 57

Spindler, G. (Ed.) (1997). *Education and cultural process.* Prospect Heights, IL: Waveland Press

Stiegler, J. W. & Hiebert, J. (1999). *The teaching gap*, New York: The Free Press

Strauss, C. and Quinn, N. (1997). *A cognitive theory of cultural meaning*, Cambridge: University Press

Strauss, C. (1997). Research on cultural discontinuities. In C. Strauss and N. Quinn. *A cognitive theory of cultural meaning*, Cambridge: University Press, 1997

Taylor, F. W. (1947). *Scientific management.* New York: Harper

Tyack, D. (1974). *The one best system.* Cambridge: Harvard University Press

Tyack, D. and Cuban, L. (1995). *Tinkering toward utopia.* Cambridge: Harvard University Press

Vaill, P. B. (1989). *Managing as a performing art.* San Francisco: Jossey – Bass Vygotsky, L. S. (1978). *Mind in society.* Cambridge, MA: Harvard University Press

Weber, M. (1947). *The theory of social and economic organizations.* (ed. and trans. by A. M. Henderson & T. Parsons). New York: The Free Press

Weick, K. E. (1976). Educational organizations as loosely coupled systems. *Administrative Science Quarterly*, vol. 21, No. 1 (March 1976)

Wheatley, M. J. (1992). *Leadership and the new science.* San Francisco: Berret—Koehler

Wilson, S. M., Peterson, P. L., Ball, D. L. & Cohen, D. K.(1996). Learning by all. *Phi Delta Kappan*, March 1996, pp.468—476

Zilversmit, A. (1993). *Changing schools: progressive education theory and practice, 1930 ~1960,* Chicago: The University of Chicago Press

• 저자 •

김인희 •약 력•
1960년 8월 1일 서울 생

한국교원대학교 교육정책대학원 교수(2005~)
교육인적자원부 사무관, 서기관, 과장(1986~2005)
행정고등고시 27회 합격(1983)
미국 University of Virginia 교육학박사(2003)
서울대학교 대학원 교육학과 졸업(1985)
서울대학교 사범대학 사회교육과 졸업(1983)
교육과학기술부 교육정책자문위원, 자체평가위원
국민고충처리위원회 행정문화분과 자문위원
한국교육행정학회 이사, 한국교원교육학회 학술위원
재단법인 무지개청소년센터 이사
서울시교육청 성과관리위원, 경기도교육청 혁신관리위원

본 도서는 한국학술정보(주)와 저작자 간에 전송권 및 출판권 계약이 체결된 도서로서, 당사
와의 계약에 의해 이 도서를 구매한 도서관은 대학(동일 캠퍼스) 내에서 정당한 이용권자(재
적학생 및 교직원)에게 전송할 수 있는 권리를 보유하게 됩니다. 그러나 다른 지역으로의 전
송과 정당한 이용권자 이외의 이용은 금지되어 있습니다.

교육개혁의 새로운 패러다임을 향하여
학교교육 혁신론

• 초판 인쇄   2008년 5월 30일
• 초판 발행   2008년 5월 30일

• 지 은 이   김인희
• 펴 낸 이   채종준
• 펴 낸 곳   한국학술정보㈜
경기도 파주시 교하읍 문발리 513-5
파주출판문화정보산업단지
전화 031) 908-3181(대표) · 팩스 031) 908-3189
홈페이지 http://www.kstudy.com
e-mail(출판사업부) publish@kstudy.com
• 등   록   제일산-115호(2000. ....
• 가   격   23,000원

ISBN 978-89-534-9182-3 93370 (Paper Book)
978-89-534-9183-0 98370 (e-Book)